L'AUTHENTIQUE
CUISINE

Catalogage avant publication de Bibliothèque et Archives Canada

Hamel, Gilles, 1951-

L'Authentique Cuisine

ISBN 2-89431-322-5

1. Cuisine. I. Titre.

TX714.H352 2004   641.5   C2004-941828-9

Conception et réalisation graphique	ALEXANDRE LAROUCHE VÉRONIQUE HARVEY
Photographie couleur	PAUL CIMON
Photographie noir et blanc	ALEXANDRE LAROUCHE
Stylisme alimentaire	VÉRONIQUE FILLION
Numérisation, impression et reliure	IMPRIMERIE TRANSCONTINENTAL INTERGLOBE

Les éditions JCL inc.
930, rue Jacques-Cartier Est
CHICOUTIMI (Québec, Canada) G7H 7K9
Tél. : (418) 696-0536 – Téléc. : (418) 696-3132 – www.jcl.qc.ca

Nous reconnaissons l'aide financière du gouvernement du Canada par l'entremise du Programme d'aide au développement de l'industrie de l'édition (PADIÉ) pour nos activités d'édition. Nous bénéficions également du soutien de la SODEC et, enfin, nous tenons à remercier le Conseil des Arts du Canada pour l'aide accordée à notre programme de publication.

Gouvernement du Québec – Programme de crédit d'impôt pour l'édition de livres – Gestion SODEC

Gilles Hamel

L'AUTHENTIQUE CUISINE

Photographies de
Paul Cimon

LES ÉDITIONS JCL

Présentation de l'auteur

C'était un mercredi soir pluvieux et triste, un de ceux que l'on a envie de traverser avec un vieux copain de la première heure. J'appelle Gilles qui rentrait justement d'un petit voyage et, tout à la joie de mettre notre nouveau dans l'ancien, convenons de continuer ça tranquillement devant un verre de vin et une petite bouffe improvisée « à la bonne franquette, hein! »

J'avais un paquet de saucisses fermière qui attendait son heure depuis quelques jours, oublié devant des frères et sœurs plus illustres que lui... Je les apporte donc à tout venant chez Gilles que retentit déjà le canon de la paix : un bouchon saute et le vin coule. Tout au plaisir de la rencontre, il s'affaire dans sa cuisine, va et vient d'un plat à l'autre, virevolte, change la musique, parle, rit et ce ne sont que réparties, calembours et calembredaines, petits exercices auxquels nous nous livrons sans retenue.

De fil en aiguille, la table est mise et arrive le plat principal; quoi, mais où il est, mon paquet de saucisses fermière? En lieu et place se trouve une espèce de plat raffiné au fumet exquis et serti de légumes colorés, heureux présage de goûts merveilleux qui soignent le ventre et réjouissent l'âme... Tout en me félicitant de ma bonne fortune et en y regardant à deux fois, je constate, un peu incrédule, qu'elles sont bien là, mes fameuses saucisses, dégorgées, dégraissées, finement découpées en escalopes et disposées artistement au centre de l'assiette, pour le plus grand bonheur de nos canines avides... En un tourne-main, ce diable d'homme a réussi à faire du petit quotidien banal un mets digne des plus grandes tables.

Eh bien ça, c'est tout Gilles! Il possède l'art de mettre de la couleur sur nos vieux négatifs culinaires et démystifie les secrets alchimistes du monde alimentaire par une approche inventive et moderne. Par l'élégance de la simplicité et la confiance indéfectible qu'il voue aux produits frais et sains, Gilles se révèle en véritable promoteur d'une gastronomie qui se veut conviviale et « très santé ». Le présent ouvrage s'inscrit donc en faux contre une certaine malbouffe qui, hélas, traite aussi mal les éléments qui la composent que ceux qui s'en nourrissent... et prouve hors de tout doute qu'il est possible de trouver du plaisir non seulement à cuisiner, mais aussi à prendre le temps de bien s'alimenter.

Il ne me reste donc qu'à vous inviter à parcourir et à essayer les recettes de Gilles... Vous verrez, cuisiner mieux devient une expérience accessible pour tous, un petit bonheur quotidien et contagieux, festif et coloré... Et n'oubliez pas la musique, le vin et les copains!

GUY PEDNEAU

GILLES HAMEL

Préface

La bonne cuisine, cela se conçoit aisément, s'élabore avec des aliments de qualité. Par ailleurs, depuis des temps immémoriaux, l'imagination, la créativité et l'inventivité en matière de gastronomie ont été soumises au rythme et aux aléas des saisons. Ces prémisses établies, on conclura donc qu'une bonne cuisine à la fois imaginative, créative et inventive ne peut être conçue qu'avec des produits frais et saisonniers.

Jadis, ici, on redoutait l'hiver qui ne nous nourrissait que de quelques choux, pommes de terre, carottes et autres navets, cultivés avec acharnement pendant la saison chaude dans nos terres de roche et prudemment conservés dans nos caveaux durant les longs mois de gel. Au printemps, nous accueillions le carême avec résignation, sachant que de toute manière il ne restait plus grand-chose au garde-manger, et que la belle saison se pointait heureusement le bout du nez. Ma grand-mère, en charge de l'intendance dans la famille tribale où j'ai grandi, s'arrangeait avec génie pour que nous ne manquions de rien. Elle savait mettre les petits plats dans les grands, allonger les sauces, faire durer le repas du dimanche midi toute la semaine et surtout conférer aux aliments les plus humbles des arômes incomparables. Elle possédait naturellement la science de doser et d'assembler avec subtilité les trois épices qu'elle connaissait et que les bateaux antillais laissaient choir dans les ports septentrionaux : la cannelle, le clou de girofle et la muscade.

Cette image d'un passé moins lointain qu'on ne l'imagine nous fait mesurer le chemin parcouru chez nous en matière d'alimentation et de gastronomie. À l'aube du XXIe siècle, les grands restaurants foisonnent, des Îles-de-la-Madeleine jusqu'aux confins du Témiscamingue, et la moindre chaîne d'alimentation nous propose des fromages fermiers dont une bonne moitié provient du lait de nos vaches.

Cette abondance a rendu possible les livres comme celui-ci. À sa fréquentation, vous verrez que la gamme des produits frais et saisonniers dont nous disposons de nos jours s'est considérablement élargie. Gilles Hamel vous propose un tour de jardin inspiré à la fois par la cuisine traditionnelle québécoise et par celle plus exotique des nouveaux arrivants. Ainsi, vous ne serez pas étonnés de voir fraterniser un plat fleurant bon le terroir comme les boulettes de bœuf à la bière avec une soupe thaï au poulet. Ou encore que l'auteur se permette des amalgames audacieux comme celui de la truite de nos rivières avec l'anis étoilé originaire de l'empire du Milieu. On le devine gourmand, cet heureux homme. N'est-ce pas la première qualité qu'on se doit d'attendre d'un auteur culinaire? Faites comme lui, amusez-vous et plongez dans ses chaudrons à votre tour. Inspirez-vous des gourmandises qu'il vous propose, des plats simples qu'il vous suggère pour réussir vos repas de fête comme ceux de tous les jours.

En terminant, ayez en tête l'exemple de ma grand-mère : privilégiez si possible les produits saisonniers, ne choisissez que des aliments de première fraîcheur et rajoutez votre propre grain de sel à celui de Gilles Hamel.

BON APPÉTIT!

FRANÇOIS DOMPIERRE

FRANÇOIS DOMPIERRE

Mot de l'épicier

Il est celui qui vous accueille à votre arrivée dans notre marché d'alimentation. Son sourire, son regard, l'odeur de sa cuisine vous incitent à faire plus ample connaissance avec lui. Ce charmant personnage, c'est Gilles Hamel, chef conseil chez Corneau Cantin. De sa cuisine, au centre d'une authentique épicerie, il fait découvrir aux clients, à travers ses recettes, les saveurs d'ici et d'ailleurs. Son indéniable talent de communicateur, sa vaste culture culinaire et son précieux savoir-faire font de lui un chef expérimenté, une personne-ressource généreuse, un vulgarisateur passionnant, bref un être entier, franc, mais surtout gourmand.

Virtuose dans tous les registres de la cuisine, Gilles Hamel compose des mélodies de couleurs et de goûts, empruntant à toutes les cultures ses plus beaux accents culinaires. Le style de ce chef, artiste et artisan de la cuisine, se manifeste pleinement au fil des notes subtiles de ses plus belles pièces inscrites dans cet ouvrage. Chef d'orchestre d'une symphonie gastronomique de tous les horizons, il vous invite à prendre part à la fête des sens proposée dans chacune de ses recettes.

Au cours de sa longue carrière, Gilles Hamel a créé des centaines de recettes, dont une partie seulement se retrouvent ici. Elles sont l'œuvre de la créativité et de l'ingéniosité de son auteur. Elles portent sa touche d'authenticité, son soupçon d'audace et sa généreuse portion de gourmandise. Il faut les découvrir et les savourer à petites doses, comme seuls les véritables plaisirs de la table se doivent d'être dégustés. Ce livre promet sans aucune doute des heures de plaisir dans la cuisine et autour de la table.

Le groupe Corneau Cantin est fier d'être associé à cette publication. Qu'elle soit, à l'image de nos marchés d'alimentation, un délicieux prélude à vos plus beaux repas.

Bonne lecture, mais surtout bon appétit.

ANDRÉ MICHAUD
DIRECTEUR DÉVELOPPEMENT ET MARKETING
PRÉSIDENT SUCCURSALE LEBOURGNEUF

CORNEAU CANTIN

Dans l'art de la table, le vin a pris aujourd'hui la première place. S'il est presque toujours facile de trouver les produits nécessaires à la préparation d'un plat, il est impossible de fabriquer sur l'heure une grande bouteille. Mais, attention, si le vin donne le ton d'un repas, les arômes, les saveurs du mets doivent rester la priorité.

L'accord parfait demande une longue réflexion, tandis que le vin idéal est à la portée de tous. Il faut être attentif à la sauce et à ses aromates, car ces saveurs dominent souvent, et les sensations sont habituellement déterminantes.

Je vous propose des vins issus de terroirs connus, de cépages familiers, disponibles ici. Gilles nous convie à sa table, faisons-lui honneur.

Du bon usage de votre vin

L'Alsace est la quintessence du vin blanc. Le riesling, fruité, bouqueté, sec, d'une grande richesse : les fruits de mer. Le pinot gris ou tokay, corsé, charnu, une nuance de moelleux : le saumon.

Le gamay, du Beaujolais à la Touraine, tendre et désaltérant : les burgers, la volaille.

Le pinot noir des climats de Bourgogne, subtilité, souplesse : le veau au menu.

Les assemblages judicieux du Languedoc et de la Provence : vive le pesto, les truffes, les olives.

Le chardonnay à l'américaine : mangue, tomates et herbes fraîches.

Cahors et madiran : ces deux costauds doivent être servis avec circonspection, même si leurs tanins s'attendrissent avec l'agneau.

Les rouges séveux de la Toscane, au nez de cerise griotte, accompagnent naturellement l'osso buco, alors que le Nero d'Avola sicilien tiendra bien sur des filets de bœuf.

Austères bordeaux, le magret les fera sourire.

Les argentins adorent les grillades, les portugais ont un penchant irrésistible pour le poisson.

La Syrah californienne et le poivre de Jamaïque sont comme deux doigts de la main.

Le confit de foie de volaille et un blanc liquoreux : divin.

Surtout, ne pas oublier le cidre de glace, son goût suave, velouté, est un incontournable compagnon des desserts aux fruits.

L'accord des vins et des plats ouvre la porte au risque, à l'aventure, il faut savoir jusqu'où l'on peut aller… trop loin. Un conseil, la température de service est l'arcane du connaisseur. Elle corrige l'astringence des rouges et amoindrit la verdeur des blancs. Puisque nous dégustons très (trop?) souvent des vins jeunes, marqués par le fruit, il est préférable de les verser à une température plus fraîche, agréable aux papilles, dix degrés pour les blancs, seize degrés pour les rouges. Le parfum du vin s'exprimera en réchauffant lentement dans le verre.

Bon sens, simplicité et à l'occasion trait de génie, voilà ce que je vous souhaite pour vos agapes prochaines.

Bernard Robichaud
Conseiller en vin, SAQ

Entrées et soupes

Agneau

Bœuf

Pâtes

Farfalle aux pois verts et au basilic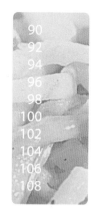
Fusilli aux gésiers de poulet confits
Lasagne au saumon frais
Lasagne au bœuf en sauce tomate
Linguine au saumon fumé
Linguine au veau à l'huile de truffe
Linguine aux crevettes et au pernod
Penne à l'aubergine
Spaghettis tunisiens
Vermicelles à la pékinoise

90
92
94
96
98
100
102
104
106
108

Poissons et fruits de mer

Crevettes jazz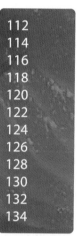
Curry de pétoncles aux poivrons
Darnes de saumon tempura
Filets de saumon aux herbes fraîches
Filets de saumon au basilic
Filet de truite arc-en-ciel à l'anis
Filets de tilapia citrus
Filets de truite saumonée aux champignons
Roulades de sole farcies
Sauté de pétoncles et de fraises
Sole farcie en manteau d'algue
Spaghettis aux pétoncles et aux crevettes

112
114
116
118
120
122
124
126
128
130
132
134

Porc

Burger de porc aux dattes et au chèvre
Carré de porc barbecue
Cassoulet de porc méditerranéen
Filet de porc au miel et au poivre de la Jamaïque
Filets de porc au rhum et au soya
Filets de porc aux poivrons verts
Filet de porc farci au moût de raisin
Nouilles au porc de Pattaya
Ragoût de porc aux olives
Roulades d'aubergine à la saucisse

138
140
142
144
146
148
150
152
154
156

Veau

Côtelettes de veau au pesto
Couscous à la saucisse de veau
Escalopes de veau à l'estragon
Escalopes de veau aux champignons
Jarrets de veau aux pommes séchées
Mijoté de veau aux petits légumes
Osso buco
Pain de veau à la sauce à la vanille et aux pommes

160
162
164
166
168
170
172
174

Volaille

Accompagnements

Desserts

Entrées et soupes

Aumônières d'escargot au pernod

15 ml	**beurre**	1 c. à table
15 ml	**huile d'olive**	1 c. à table
1	**oignon émincé finement**	1
4	**gousses d'ail**	4
1	**boîte d'escargots**	1
1	**paquet de champignons frais**	1
60 ml	**pernod**	4 c. à table
185 ml	**bouillon de poulet**	3/4 tasse
60 ml	**crème 35 %**	4 c. à table
15 ml	**fécule de maïs**	1 c. à table
30 ml	**eau**	2 c. à table
	sel et poivre du moulin	
8	**feuilles de pâte filo**	8
60 ml	**beurre fondu**	4 c. à table
60 ml	**huile d'olive**	4 c. à table
	persil frais	

1 Faire fondre une cuillerée à table de beurre et une d'huile, dorer l'oignon. Ajouter l'ail, les escargots, les champignons. Cuire 5 minutes et déglacer avec le pernod.

2 Ajouter le bouillon de poulet, la crème, la fécule de maïs delayée dans l'eau et brasser. Saler et poivrer en mélangeant bien. Laisser refroidir.

3 Pour les aumônières, étendre 1 feuille de pâte filo, en badigeonner légèrement la moitié avec le mélange beurre fondu et huile. Plier en deux, badigeonner la moitié de cette moitié et plier encore en deux.

4 Couper 2 pouces (5 cm) de la feuille pour obtenir un carré et badigeonner les bords.

5 Garnir le centre du carré de la garniture d'escargots et champignons en ne mettant que très peu de sauce. Rabattre les 4 coins de la feuille de pâte filo vers le centre en serrant pour en faire une pochette. Répéter pour chaque feuille de pâte filo.

6 Déposer les aumônières sur une tôle à biscuits et cuire 15 minutes à 350 °F (175 °C).

7 Réchauffer la sauce restante. Verser dans le fond des assiettes. Déposer 2 aumônières sur la sauce et garnir d'un bouquet de persil.

8 Servir 1 ou 2 aumônières selon la grosseur et la quantité d'escargots utilisés.

Entrées et soupes

Caviar d'aubergine

1	**grosse aubergine**	1
60 ml	**huile d'olive**	4 c. à table
	le jus d'un citron	
125 ml	**yogourt nature**	1/2 tasse
125 ml	**mayonnaise**	1/2 tasse
4	**gousses d'ail finement hachées**	4
1	**bouquet de coriandre**	1
	fraîche hachée	
	sel et poivre du moulin	
	harissa au goût	

1 Piquer l'aubergine avec une fourchette, en badigeonner la peau d'un peu d'huile et la placer sur une tôle à biscuits.

2 Cuire à 350 °F (175 °C) pendant 40 minutes.

3 Laisser refroidir et ensuite enlever la peau à l'aide d'un petit couteau.

4 Hacher finement la chair de l'aubergine avec un gros couteau ou au robot par petites pulsions.

5 Ajouter l'huile en mélangeant bien, puis le jus de citron.

6 Continuer avec le yogourt, la mayonnaise, l'ail, la coriandre et brasser.

7 Terminer avec le sel, le poivre et un peu de pâte harissa pour corser.

8 Bien mélanger et réfrigérer au moins une heure avant de servir.

9 Servir à l'apéro sur vos craquelins préférés.

Entrées et soupes

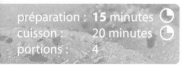

Crème de concombre

1	**concombre anglais**	1
4	**échalotes vertes émincées**	4
	huile d'olive pour la cuisson	
1 l	**bouillon de poulet**	4 tasses
5 ml	**aneth**	1 c. à thé
	sel et poivre	
15 ml	**fécule de maïs**	1 c. à table
60 ml	**crème 35 %**	4 c. à table
1	**citron en rondelles**	1

1 Peler et couper le concombre en morceaux.

2 Faire suer les échalotes dans l'huile d'olive chaude. Ajouter le bouillon de poulet, le concombre, l'aneth, le sel, le poivre et laisser mijoter 15 minutes à feu moyen.

3 Passer la soupe au robot culinaire ou au mélangeur. Remettre sur le feu.

4 Délayer la fécule de maïs dans la crème, ajouter au bouillon et mélanger avec un fouet.

5 Cuire encore 5 minutes en remuant.

6 Servir bien chaud et garnir d'une rondelle de citron.

Entrées et soupes

Croustade aux pêches

4	**tranches de pain de votre choix**	4
125 g	**brie ou camembert**	4,5 oz
4	**demi-pêches fraîches**	4
	ou en conserve	
2,5 ml	**piment d'Espelette**	1/2 c. à thé
	ou paprika	

1 Étendre des tranches de fromage sur le pain.

2 Trancher les demi-pêches et les poser sur le fromage.

3 Saupoudrer de piment d'Espelette.

4 Mettre au four à 375 °F (190 °C) environ 15 minutes, jusqu'à ce que ce soit grillé et bien chaud.

Entrées et soupes

24

Entrée de fraises au basilic

350 g	**fraises fraîches équeutées**	12 oz
60 ml	**huile d'olive**	4 c. à table
15 ml	**vinaigre balsamique**	1 c. à table
30 ml	**basilic frais haché**	2 c. à table
	le jus d'une lime	
	sel et poivre du moulin	

1 Mélanger tous les ingrédients ensemble et réfrigérer 1 heure.

2 Servir sur des feuilles de laitue et garnir d'un quartier de lime, de citron ou de tomate, selon votre imagination.

3 Accompagner d'un mousseux bien frais.

Entrées et soupes

26

Gésiers de canard confits au porto

2	tranches de pain multigrains écroûtées	2
200 g	gésiers de canard confits	7 oz
1	blanc de poireau émincé	1
2	gousses d'ail hachées	2
1/2	poivron rouge en lanières	1/2
60 ml	porto	4 c. à table
15 ml	miel	1 c. à table
	sel et poivre du moulin	
1	mandarine pelée, en quartiers	1

1 Couper les tranches de pain en rectangles et les aplatir au rouleau à pâte.

2 Dans une poêle, chauffer doucement les gésiers dans leur gras pour les séparer. Les mettre de côté.

3 Dans la même poêle, faire dorer les tranches de pain des deux côtés dans le gras restant, les retirer et les garder au chaud.

4 Rajouter du gras de canard ou de l'huile d'olive dans la poêle. Faire colorer le poireau et l'ail 2 minutes, puis ajouter les lanières de poivron. Cuire encore 2 minutes.

5 Verser le porto, remuer pour bien détacher le fond. Incorporer le miel, le sel, le poivre et laisser caraméliser doucement quelques minutes tout en conservant du liquide dans la poêle. Remettre les gésiers pour qu'ils soient chauds.

6 Placer les tranches de pain grillées dans deux assiettes. Répartir les légumes de la poêle sur le pain grillé en laissant déborder de chaque côté et déposer les gésiers tranchés en deux.

7 Garnir le tour de l'assiette avec les côtes de mandarine.

Entrées et soupes

Pamplemousses grillés au rhum

2	**pamplemousses**	**2**
80 ml	**cassonade**	**1/3 tasse**
2,5 ml	**poivre de la Jamaïque**	**1/2 c. à thé**
15 ml	**beurre ramolli**	**1 c. à table**
30 ml	**rhum brun**	**2 c. à table**

1 Couper en deux les pamplemousses et détacher la chair.

2 Chauffer le grilloir du four.

3 Mélanger dans un bol la cassonade, le poivre de la Jamaïque, le beurre, le rhum.

4 Répartir cette pâte sur les moitiés de pamplemousse.

5 Mettre les pamplemousses sur une tôle à biscuits et passer au grilloir pendant 8 minutes ou jusqu'à ce que le sucre soit fondu et fasse des bulles.

6 Servir en entrée dans des assiettes individuelles.

Entrées et soupes

Potage aux légumes

450 g	légumes variés	1 lb
30 ml	huile d'olive	2 c. à table
1	gros poireau tranché	1
125 ml	farine	1/2 tasse
	sel et poivre du moulin	
1,25 l	bouillon de bœuf ou volaille	5 tasses
60 ml	crème 35 %	4 c. à table
15 ml	fines herbes	1 c. à table
15 ml	persil frais haché	1 c. à table

1 Couper les légumes en dés.

2 Dans une grande casserole à fond épais, chauffer l'huile. Ajouter le poireau et cuire en remuant de temps à autre, jusqu'à ce qu'il soit transparent (environ 5 minutes).

3 Retirer la casserole du feu et, avec une cuillère en bois, incorporer la farine, le sel et le poivre.

4 Verser peu à peu le bouillon chaud en remuant sans arrêt et en évitant de faire des grumeaux.

5 Ajouter les légumes. Remettre la casserole sur le feu et porter la soupe à ébullition en remuant sans arrêt.

6 Baisser le feu, couvrir la casserole et laisser frémir 30 minutes en remuant de temps en temps.

7 Ajouter la crème, les fines herbes et mélanger.

8 Servir bien chaud dans un bol en pain évidé et garnir de persil frais.

Entrées et soupes

Potage à l'oignon

2	pommes de terre	2
6	oignons émincés	6
30 ml	huile d'olive	2 c. à table
2	gousses d'ail	2
1 l	bouillon de poulet	4 tasses
	sel et poivre du moulin	
5 ml	estragon	1 c. à thé
30 ml	crème 35 %	2 c. à table

1 Peler les pommes de terre et les couper en dés.

2 Dans une poêle chaude, cuire l'oignon à feu moyen dans l'huile d'olive.

3 Ajouter l'ail. Mélanger et continuer la cuisson sans colorer l'oignon.

4 Verser le bouillon de poulet. Incorporer les pommes de terre. Saler, poivrer, assaisonner avec l'estragon et cuire pendant 15 minutes.

5 Mettre le mélange dans le robot et activer pour obtenir une texture crémeuse.

6 Remettre dans la marmite à feu moyen. Ajouter la crème et cuire encore 5 minutes.

Entrées et soupes

Potage au chou-fleur

1	**chou-fleur moyen**	**1**
30 ml	**huile d'olive**	**2 c. à table**
1	**gros oignon haché**	**1**
2	**branches de céleri hachées**	**2**
125 ml	**farine**	**1/2 tasse**
	sel et poivre du moulin	
1,25 l	**bouillon de poulet**	**5 tasses**
60 ml	**crème 35 %**	**4 c. à table**
1 ml	**noix de muscade râpée**	**1/4 c. à thé**
15 ml	**persil frais haché**	**1 c. à table**

1 Éplucher le chou-fleur et le diviser en petits bouquets.

2 Dans une grande casserole à fond épais, chauffer l'huile sur feu modéré. Ajouter l'oignon, le céleri et cuire 5 à 7 minutes en remuant de temps à autre. L'oignon doit être transparent.

3 Retirer la casserole du feu et, avec une cuiller en bois, incorporer la farine, le sel et le poivre.

4 Verser peu à peu le bouillon de poulet chaud en remuant sans arrêt et en évitant de faire des grumeaux. Ajouter le chou-fleur. Remettre la casserole sur le feu et porter la soupe à ébullition en remuant sans arrêt.

5 Baisser le feu. Couvrir la casserole et laisser frémir 30 minutes en remuant de temps en temps.

6 Retirer la casserole du feu et passer la soupe au robot culinaire.

7 Remettre la soupe dans la casserole à feu doux. Ajouter la crème, la muscade et mélanger.

8 Servir bien chaud et garnir de persil.

Entrées et soupes

Potage de poivrons jaunes et orange

4	poivrons (2 jaunes et 2 orange)	4
	huile d'olive pour la cuisson	
1	gros oignon émincé	1
2	gousses d'ail hachées	2
1 l	bouillon de poulet	4 tasses
2	pommes de terre en dés	2
1	bouquet de coriandre hachée	1
	sel et poivre du moulin	
30 ml	crème 35 %	2 c. à table

1 Couper les poivrons en lanières et en conserver une petite partie coupés en dés.

2 Dans une marmite, dorer l'oignon, l'ail et les lanières de poivrons dans l'huile d'olive.

3 Verser le bouillon de poulet, les dés de pommes de terre et cuire 20 minutes.

4 Passer le mélange au robot jusqu'à ce qu'il soit crémeux. Ajouter la coriandre, le sel, le poivre, la crème. Remuer et cuire encore 10 minutes à feu doux.

5 Servir et décorer avec les dés de poivrons.

Entrées et soupes

38

Potage au brocoli

2	**pommes de terre**	**2**
1	**gros oignon émincé**	**1**
2	**gousses d'ail hachées**	**2**
1 l	**bouillon de poulet**	**4 tasses**
450 g	**brocolis en morceaux**	**1 lb**
	sel et poivre de citron	
30 ml	**crème 35 %**	**2 c. à table**
	huile d'olive pour la cuisson	

1 Peler les pommes de terre et les couper en dés.

2 Dans une marmite, dorer l'oignon et l'ail dans l'huile d'olive.

3 Verser le bouillon de poulet, les dés de pommes de terre, les brocolis et cuire 20 minutes.

4 Passer le mélange au robot jusqu'à ce qu'il soit crémeux. Ajouter le sel, le poivre de citron, la crème. Remuer et cuire encore 10 minutes à feu doux.

5 Pour un dîner léger, accompagner de croûtons garnis de fromage de chèvre ou autre, fondu au four.

Entrées et soupes

Salade de crevettes
à l'huile de truffe

450 g	crevettes nordiques	1 lb
1	poivron rouge en fines lamelles	1
1	petit oignon émincé	1
2	clémentines en quartiers	2
30 ml	rhum brun	2 c. à table
60 ml	mayonnaise	4 c. à table
60 ml	crème 35 %	4 c. à table
5 ml	huile de truffe*	1 c. à thé
	poivre de citron et sel	

1 Mélanger tous les ingrédients ensemble et réfrigérer 1 heure.

2 Servir dans des assiettes garnies de feuilles de salade et décorer d'un bouquet de persil.

La note du chef

* *Utiliser une huile de truffe de qualité.*

Les truffes doivent être pressées avec les olives. La différence est marquante.

Entrées et soupes

Salade de crevettes aux bleuets

60 ml	huile de pépin de raisin	4 c. à table
	le jus et le zeste d'un citron	
5 ml	moutarde de Dijon	1 c. à thé
5 ml	miel	1 c. à thé
	sel et poivre du moulin	
4	échalotes vertes émincées	4
185 ml	bleuets frais*	3/4 tasse
375 g	crevettes nordiques cuites	13 oz

1 Mélanger dans un bol l'huile, le jus, le zeste, la moutarde, le miel, le sel et le poivre.

2 Incorporer les échalotes, les bleuets et les crevettes. Réfrigérer 1 heure.

3 Garnir une assiette de laitue. Répartir le mélange de crevettes et décorer de persil.

La note du chef

* On peut remplacer les bleuets frais par des surgelés. Les mélanger aux crevettes lorsqu'ils sont encore gelés et réfrigérer ensuite.

Entrées et soupes

Sole marinée à la lime

2	poivrons (1 vert et 1 rouge)	2
900 g	sole	2 lb
1	oignon coupé en rondelles	1
160 ml	jus de lime	2/3 tasse
1	gros oignon haché	1
1	gousse d'ail finement hachée	1
1	petit piment fort finement haché	1
80 ml	vinaigre de vin blanc	1/3 tasse
	sel et poivre au goût	
80 ml	Blaze	1/3 tasse

1 Évider les poivrons et les hacher finement. Couper la sole en morceaux de 3 pouces (8 cm). Séparer en anneaux les rondelles d'oignon.

2 Mettre les morceaux de sole dans un grand plat peu profond avec le jus de lime.

3 Laisser mariner 4 heures en arrosant de temps en temps avec le jus de lime.

4 Retirer le poisson du plat.

5 Mélanger dans le jus de lime, les poivrons, l'oignon haché, l'ail, le piment, le vinaigre, le sel et le poivre. Y remettre le poisson et réfrigérer 1 heure.

6 Servir sur de la laitue. Garnir des anneaux d'oignon et arroser avec le Blaze.

Entrées et soupes

Soupe thaï au poulet

2	poitrines de poulet	2
	huile d'olive pour la cuisson	
4	échalotes vertes hachées	4
2	gousses d'ail	2
6	champignons émincés	6
1,25 l	bouillon de poulet	5 tasses
1	boîte de lait de coco de 200 ml	1
30 ml	sauce tamari	2 c. à table
1	bouquet de coriandre haché	1
5 ml	pâte de curry (fort ou doux)	1 c. à thé
1	paquet de vermicelles de riz	1

1 Retirer la peau du poulet et couper les poitrines en lanières.

2 Faire dorer dans un peu d'huile d'olive les échalotes, l'ail, les champignons, le poulet. Ajouter ensuite le bouillon, le lait de coco, la sauce tamari, la coriandre, la pâte de curry.

3 Laisser mijoter 15 minutes à feu doux.

4 Tremper les vermicelles dans l'eau chaude et les séparer dans des assiettes individuelles.

5 Verser la soupe chaude sur les vermicelles et servir.

La note du chef

Accompagnée d'une salade verte, cette soupe servira facilement de plat principal pour un dîner léger.

Entrées et soupes

Soupe de courgettes

60 ml	beurre	4 c. à table
6	échalotes vertes émincées	6
3	courgettes moyennes râpées	3
1	pomme de terre râpée	1
1 l	bouillon de poulet	4 tasses
5 ml	herbes de Provence	1 c. à thé
	sel et poivre du moulin	
60 ml	parmesan râpé	4 c. à table

1 Dans une casserole, fondre le beurre et dorer les échalotes, les courgettes, la pomme de terre et cuire 4 minutes en remuant.

2 Ajouter le bouillon, les herbes de Provence, le sel, le poivre et cuire 20 minutes.

3 Saupoudrer le parmesan en remuant. Cuire encore 2 minutes, puis servir.

Entrées et soupes

Soupe crémeuse à la citrouille et aux pommes

450 g	**citrouille**	**1 lb**
450 g	**pommes Granny Smith**	**1 lb**
15 ml	**beurre**	**1 c. à table**
1	**gros oignon coupé en dés**	**1**
5 ml	**curry**	**1 c. à thé**
	sel et poivre au goût	
1 l	**bouillon de poulet tiède**	**4 tasses**
125 ml	**vin blanc sec**	**1/2 tasse**
1	**boîte de lait de coco de 400 ml**	**1**
	ciboulette hachée	

1 Peler la citrouille, l'épépiner et la couper en cubes de 1 pouce (2,5 cm). Peler les pommes, les évider et les couper en dés.

2 Faire fondre le beurre dans une cocotte à feu moyen. Ajouter la citrouille, les pommes, l'oignon et le curry. Remuer jusqu'à ce que l'oignon soit tendre. Saler et poivrer au goût. Ajouter le bouillon de poulet et le vin.

3 Augmenter la chaleur pour porter à ébullition.

4 Réduire la chaleur à feu doux. Couvrir partiellement et laisser mijoter jusqu'à ce que la citrouille devienne très tendre (environ 25 à 35 minutes). Retirer la soupe et laisser refroidir.

5 Réduire en purée dans un robot culinaire et remettre la cocotte à feu doux pour réchauffer (sans faire bouillir). Ajouter le lait de coco et cuire pendant environ 1 minute.

6 Garnir de ciboulette.

Entrées et soupes

Tartare de saumon
au gingembre

450 g	**saumon en lamelles**	**1 lb**
3 cm	**morceau de gingembre frais haché**	**1,5 pouce**
2	**gousses d'ail hachées**	**2**
15 ml	**sucre**	**1 c. à table**
15 ml	**sel**	**1 c. à table**
60 ml	**sauce soya**	**4 c. à table**
125 ml	**saké**	**1/2 tasse**
	échalotes ou ciboulette hachées	

1 Mélanger tous les ingrédients ensemble et ajouter aux lamelles de saumon.

2 Réfrigérer de 2 à 4 heures ou mariner 1 heure à la température de la pièce.

3 Sortir du réfrigérateur 10 minutes avant de servir. Dresser sur des feuilles de laitue et décorer de persil.

Délicieux comme garniture de sushi.

Entrées et soupes

Terrine de tomates et bocconcini

8 à 10	**tomates mûres**	8 à 10
450 g	**bocconcini**	1 lb
1	**bouquet de basilic frais**	1
	huile d'olive de bonne qualité	
	vinaigre balsamique	
	sel et poivre de citron	

1 Recouvrir l'intérieur d'une terrine de 4 x 8 pouces (10 x 20 cm) de pellicule transparente.

2 Couper de belles tranches de tomates assez épaisses sur les 4 côtés et le dessous et mettre de côté le centre.

3 Aplatir les tranches de tomates avec la main et tapisser le fond de la terrine en plaçant le côté rond en dessous.

4 Étendre sur les tomates des tranches de fromage de la même épaisseur.

5 Saler, poivrer et recouvrir de feuilles de basilic.

6 Faire deux autres couches en terminant par les tomates, côté arrondi au-dessus.

7 Couvrir d'une pellicule transparente. Mettre un carton rigide de la taille de la terrine, déposer un poids par-dessus et réfrigérer pendant 4 heures.

8 Sortir la terrine, démouler délicatement et couper en tranches épaisses.

9 Déposer dans des assiettes individuelles. Verser un peu d'huile d'olive autour et ajouter quelques gouttes de vinaigre balsamique.

Entrées et soupes

Agneau

Burger à l'agneau et à l'estragon

900 g	**agneau haché**	**2 lb**
30 ml	**estragon frais haché**	**2 c. à table**
30 ml	**ciboulette hachée**	**2 c. à table**
12	**olives noires Kalamata hachées**	**12**
	sel et poivre du moulin	
1	**courgette tranchée sur la longueur**	**1**
	huile d'olive	
4	**pains à burger**	**4**
	mayonnaise	
4	**tranches d'emmenthal**	**4**

1 Mélanger l'agneau, l'estragon, la ciboulette, les olives, le sel et le poivre. Faire 4 boulettes à burger.

2 Cuire au barbecue.

3 Badigeonner les tranches de courgette avec de l'huile d'olive et griller au barbecue.

4 Griller les pains à burger. Tartiner de mayonnaise. Déposer une tranche de fromage, ajouter l'agneau grillé, garnir d'une tranche de courgette grillée et couvrir d'une autre tranche de pain grillé.

Agneau

Carré d'agneau

1	carré d'agneau de 8 côtes	1
15 ml	moutarde de Dijon	1 c. à table
15 ml	miel	1 c. à table
15 ml	sauce Mirin (ou sauce soya)	1 c. à table
15 ml	romarin	1 c. à table
1	gousse d'ail finement hachée	1
	poivre du moulin	

1 Mélanger tous les ingrédients ensemble, sauf l'agneau. Badigeonner la viande de tous les côtés et laisser mariner 1 heure à la température de la pièce ou 2 à 3 heures au réfrigérateur.

2 Saisir le carré dans une poêle et placer dans un four préchauffé à 425 °F (220 °C) pendant 20 minutes.

3 La cuisson peut aussi se faire au barbecue, soit environ 3 à 4 minutes par côté.

4 Couvrir de papier d'aluminium et laisser reposer 10 minutes avant de couper.

5 Le centre doit être bien rosé.

Agneau

Curry d'agneau

	huile d'olive pour la cuisson	
2	oignons hachés	2
900 g	agneau* en cubes	2 lb
6	gousses d'ail	6
500 ml	bouillon de poulet	2 tasses
1	boîte de lait de coco de 400 ml	1
4	carottes en dés	4
1	pomme verte en dés	1
60 ml	pâte de curry**	4 c. à table
	sel et poivre du moulin	
1	bouquet de coriandre fraîche hachée	1

1 Faire revenir l'oignon dans l'huile et sauter les cubes d'agneau par petites quantités pour les colorer.

2 Ajouter l'ail tout en remuant.

3 Verser ensuite le bouillon de poulet et remuer pour bien détacher le fond.

4 Verser le lait de coco, les carottes et les dés de pomme.

5 Incorporer la pâte de curry, le sel et le poivre, ainsi que la coriandre et mélanger.

6 Faire mijoter à feu doux avec couvercle pendant 45 minutes ou encore mettre dans un four préchauffé à 325 °F (160 °C) pendant 45 minutes.

Agneau

La note du chef

* Vous pouvez remplacer l'agneau par des poitrines de poulet désossées.

**La pâte (moyenne ou forte selon votre goût) est préférable à la poudre.

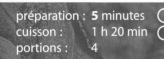

Mijoté d'agneau au yogourt

15 ml	huile d'olive	1 c. à table
2	oignons émincés	2
4	gousses d'ail hachées	4
900 g	agneau en cubes	2 lb
250 ml	bouillon de poulet	1 tasse
	sel et poivre du moulin	
500 ml	yogourt nature	2 tasses
60 ml	coriandre fraîche hachée	4 c. à table
15 ml	fécule de maïs	1 c. à table
	le zeste d'une lime	
60 ml	persil frais haché	4 c. à table

1 Faire revenir dans l'huile l'oignon et l'ail pendant 2 minutes.

2 Ajouter l'agneau, le colorer de tous côtés et verser le bouillon de poulet, le sel et le poivre.

3 Couvrir et laisser mijoter environ 1 heure.

4 Dans une casserole, chauffer 5 minutes à feu moyen le yogourt, la coriandre et la fécule délayée dans 2 c. à thé (10 ml) d'eau.

5 Mélanger à l'agneau. Incorporer le zeste de lime et cuire encore 15 minutes.

6 Servir avec un riz blanc et saupoudrer de persil.

Agneau

préparation : **15** minutes
macération : 1 à 4 heures
cuisson : 6 à 10 minutes
portions : 4

Steak de gigot d'agneau aux agrumes et à la menthe

45 ml	huile d'olive	3 c. à table
30 ml	moutarde à l'ancienne	2 c. à table
60 ml	marmelade d'agrumes	4 c. à table
1/2	oignon émincé	1/2
2	gousses d'ail hachées	2
12	feuilles de menthe fraîche hachées	12
	le jus d'une lime	
	vin	
	sel et poivre du moulin	
900 g	tranches de gigot	2 lb

1 Mélanger l'huile et la moutarde à la fourchette jusqu'à ce que ce soit crémeux.

2 Ajouter le reste des ingrédients, sauf l'agneau, et bien mélanger.

3 Mariner l'agneau 3 à 4 heures au réfrigérateur ou 1 heure à la température de la pièce.

4 Griller au barbecue environ 3 à 4 minutes par côté, selon la cuisson désirée.

5 Faire bouillir la marinade pendant 5 minutes en ajoutant un peu de vin si elle devient trop épaisse et servir comme sauce.

La note du chef

On peut faire la même recette avec un gigot entier et le cuire au four en calculant 15 minutes par livre à 450 °F (230 °C) ou 20 minutes par livre à 350 °F (175 °C).

Agneau

Tajine d'agneau aux pistaches

12	**pruneaux dénoyautés**	12
1,25 ml	**safran**	1/4 c. à thé
350 g	**agneau**	12 oz
30 ml	**huile**	2 c. à table
1	**gros oignon**	1
	sel et poivre du moulin	
80 ml	**pistaches décortiquées**	1/3 tasse
6	**œufs**	6
90 g	**gruyère râpé**	3 oz
15 ml	**beurre**	1 c. à table

Matériel :

**6 ramequins de 4 pouces (10 cm)
de diamètre**

1 Hacher finement les pruneaux. Tremper le safran dans 2 c. à table (30 ml) d'eau tiède.

2 Couper la viande en très petits dés et émincer l'oignon.

3 Faire chauffer l'huile dans une casserole. Y faire fondre l'oignon.

4 Ajouter la viande et la saisir quelques minutes.

5 Incorporer le safran, les pruneaux, le sel et le poivre. Recouvrir d'eau juste à hauteur et laisser cuire à feu moyen jusqu'à réduction presque complète du liquide.

6 Hacher 2/3 des pistaches et les ajouter à la viande.

7 Battre les œufs en omelette, les ajouter à la viande refroidie ainsi que le fromage râpé.

8 Remplir les ramequins beurrés avec cette préparation.

9 Mettre au four préchauffé à 350 °F (175 °C) pendant 20 minutes.

10 Au bout de 5 minutes de cuisson, décorer le dessus des ramequins avec le 1/3 de pistaches restantes et cuire 15 minutes encore.

11 Démouler chaud et servir accompagné d'une salade verte ou d'une salade de betteraves.

La note du chef

Peut aussi être servi froid en entrée.

Agneau

Bœuf

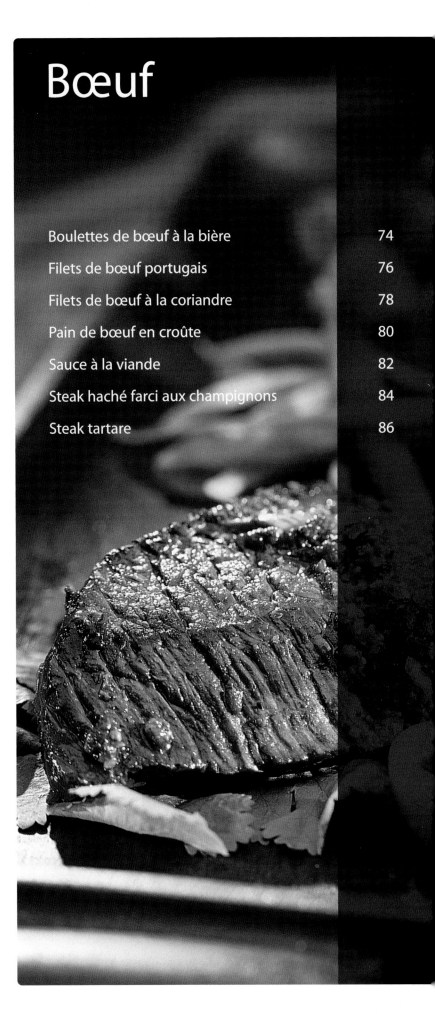

Boulettes de bœuf à la bière

Boulettes :

450 g	**bœuf haché**	**1 lb**
450 g	**chair à saucisse**	**1 lb**
185 ml	**chapelure sèche**	**3/4 tasse**
1	**œuf battu**	**1**
30 ml	**sauce Worcestershire**	**2 c. à table**
2	**gousses d'ail hachées**	**2**
	le jus et le zeste d'une orange	
	huile d'olive pour la cuisson	
	sel et poivre du moulin	

Sauce :

185 ml	**bouillon de bœuf**	**3/4 tasse**
250 ml	**bière**	**1 tasse**
1	**oignon émincé**	**1**
2	**carottes en dés**	**2**
5 ml	**thym**	**1 c. à thé**
60 ml	**pâte de tomate**	**4 c. à table**
15 ml	**vinaigre balsamique**	**1 c. à table**
	sel et poivre du moulin	

1 Mélanger ensemble tous les ingrédients pour la viande et former des boulettes.

2 Dans l'huile chaude, faire revenir les boulettes de viande 5 minutes pour bien les colorer.

3 Mettre les boulettes dans une assiette. Ajouter l'oignon et les carottes dans la poêle.

4 Bien mélanger et cuire 6 à 8 minutes.

5 Verser le bouillon, la bière, le thym, le sel, le poivre, la pâte de tomate et le balsamique.

6 Amener à ébullition. Ajouter les boulettes, couvrir et cuire au four environ 30 minutes.

7 Accompagner de pâtes aromatisées à l'huile de citron.

Bœuf

Filets de bœuf portugais

900 g	**filets de bœuf (4)**	**2 lb**
30 ml	**moutarde de Dijon**	**2 c. à table**
15 ml	**poivre grossièrement moulu**	**1 c. à table**
30 ml	**beurre**	**2 c. à table**
125 ml	**porto**	**1/2 tasse**
60 ml	**crème 35 %**	**4 c. à table**

1 Badigeonner les filets avec la moutarde et ajouter le poivre.

2 Fondre le beurre dans une poêle bien chaude. Lorsque la mousse disparaît, saisir les filets 2 minutes par côté.

3 Déglacer avec le porto. Tourner les filets et les déposer ensuite dans une assiette.

4 Ajouter la crème, bien mélanger et remettre les filets dans la sauce en les retournant.

5 Terminer la cuisson selon votre goût, soit 2 minutes par côté pour les avoir saignants.

6 Accompagner de pâtes au beurre et d'un légume vert.

Bœuf

Filets de bœuf à la coriandre

4	**filets mignons**	4
	(épaisseur de 2 pouces [5 cm])	
15 ml	**graines de coriandre**	**1 c. à table**
	moulue	
5 ml	**poivre moulu**	**1/2 c. à thé**
2	**gousses d'ail hachées**	**2**
60 ml	**sauce soya**	**4 c. à table**
30 ml	**vinaigre de vin blanc**	**2 c. à table**

1 Dans un bol, mélanger tous les ingrédients sauf la viande.

2 Placer les filets dans un plat peu profond et arroser avec la marinade.

3 Laisser mariner 1 heure en arrosant de temps en temps.

4 Faire chauffer le grilloir du four au maximum.

5 Mettre les filets sur une grille dans une lèchefrite et placer sous le grilloir du four.

6 Cuire 4 minutes par côté pour une cuisson saignante.

Bœuf

La note du chef

Cuire au barbecue en suivant les mêmes étapes.

On peut aussi mariner de grosses crevettes en accompagnement.

Pain de bœuf en croûte

30 ml	huile d'olive	2 c. à table
1	oignon moyen émincé	1
1	poivron rouge coupé en dés	1
1	boîte de champignons tranchés	1
900 g	bœuf haché maigre	2 lb
1	pomme de terre cuite, pelée et écrasée	1
225 g	fromage râpé (style gruyère) sel et poivre du moulin	8 oz
30 ml	estragon frais haché ou	2 c. à table
15 ml	estragon sec	1 c. à table
1	œuf battu	1
60 ml	crème légère	4 c. à table
450 g	pâte feuilletée*	1 lb
1	jaune d'œuf battu	1
15 ml	lait	1 c. à table

1 Beurrer une plaque à pâtisserie et laisser en attente.

2 Faire chauffer le four à 375 °F (190 °C).

3 Dans une poêle, dorer l'oignon dans l'huile, puis ajouter le poivron et les champignons.

4 Ajouter le bœuf et faire revenir 8 minutes en remuant jusqu'à ce que la viande soit colorée.

5 Transférer dans un bol et ajouter la pomme de terre, le fromage, le sel, le poivre, l'estragon, l'œuf battu dans la crème et bien mélanger.

6 Abaisser la pâte et étendre à la cuillère la viande sur la moitié de la pâte.

7 Badigeonner le contour de la pâte avec un peu de mélange jaune d'œuf-lait et rabattre l'autre moitié sur la viande.

8 Sceller la pâte à l'aide d'une fourchette.

9 Former des motifs de feuilles dans les découpes de pâte, et mettre sur le dessus.

10 Étendre le reste du mélange jaune d'œuf-lait sur la pâte avec un pinceau à pâtisserie.

11 Glisser le pain de viande en croûte au milieu du four et faire cuire 40 minutes ou jusqu'à ce que la pâte soit dorée sur le dessus.

12 Servir avec une sauce aux champignons ou aux tomates.

Bœuf

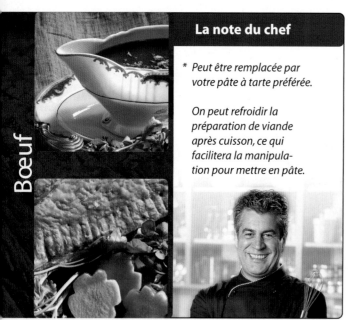

La note du chef

* *Peut être remplacée par votre pâte à tarte préférée.*

On peut refroidir la préparation de viande après cuisson, ce qui facilitera la manipulation pour mettre en pâte.

préparation :	**45** minutes
cuisson :	3 heures
portions :	20 à 25

Sauce à la viande

	huile d'olive pour la cuisson	
3	oignons émincés	3
1	bulbe d'ail haché	1
2 kg	bœuf (ou agneau) haché	4 1/2 lb
1	boîte de 48 oz de jus de légumes	1
1	boîte de 48 oz de jus de tomates	1
2	boîtes de tomates en dés de 28 oz	2
5	boîtes de pâte de tomate de 5 oz	5
30 ml	cassonade	2 c. à table
1	pied de céleri émincé	1
2	poivrons en dés (1 rouge, 1 vert)	2
3	carottes râpées	3
2	paquets de champignons frais émincés	2
1	bocal d'olives à salade en morceaux*	1
1	aubergine pelée et coupée en dés	1
250 ml	vin rouge	1 tasse
75 g	harissa	2,5 oz
8	feuilles de laurier	8
5 ml	origan	1 c. à thé
5 ml	basilic	1 c. à thé
5 ml	thym	1 c. à thé
	sel et poivre au goût	

1 Faire revenir l'oignon, l'ail et la viande hachée dans l'huile.

2 Ajouter les jus, les tomates en dés, la pâte de tomate et bien mélanger.

3 Ajouter la cassonade (pour neutraliser l'acidité) et mélanger.

4 Incorporer le reste des ingrédients ainsi que les herbes, le sel et le poivre.

5 Laisser mijoter de 3 heures à 3 heures 30 minutes en remuant régulièrement.

6 Goûter et rectifier l'assaisonnement si nécessaire.

7 Vous pouvez mettre une étoile en fil de fer sur le feu sous la marmite, ce qui empêche la sauce d'adhérer au fond du plat.

8 Pour accompagner les pâtes ou pour faire une lasagne.

Bœuf

La note du chef

* Olives vertes ou noires, ou les deux.

Donne 10 bocaux de 1 litre.

Steak haché farci aux champignons

450 g	**bœuf haché**	**1 lb**
125 ml	**semoule de blé cuite (couscous)**	**1/2 tasse**
1	**oignon émincé**	**1**
125 ml	**bouillon de bœuf**	**1/2 tasse**
125 ml	**champignons hachés**	**1/2 tasse**
125 ml	**brie**	**1/2 tasse**
2,5 ml	**estragon**	**1/2 c. à thé**
125 ml	**crème sure**	**1/2 tasse**
125 ml	**yogourt**	**1/2 tasse**
	sel et poivre du moulin	

1 Dans un bol, mélanger le bœuf, la semoule, l'oignon, le bouillon, le sel, le poivre. Séparer la préparation en 8 portions et l'aplatir en boulettes de même format.

2 Sauter les champignons dans un peu d'huile et de beurre. Saler et poivrer.

Montage :

3 Garnir 4 boulettes de bœuf avec les champignons et 1 ou 2 tranches de fromage. Recouvrir avec les boulettes restantes, en pressant légèrement pour sceller.

4 Cuire les steaks à la poêle dans l'huile chaude 2 à 3 minutes par côté et les mettre dans un plat allant au four.

5 Mélanger le yogourt, la crème sure, l'estragon et napper le dessus des steaks.

6 Mettre dans un four préchauffé à 350 °F (175 °C) pendant 20 minutes.

7 Servir avec une purée de pommes de terre parfumée à l'huile de truffe et un légume vert.

Bœuf

Steak tartare

900 g	**haut de surlonge**	**2 lb**
1	**jaune d'œuf**	**1**
15 ml	**moutarde de Dijon***	**1 c. à table**
15 ml	**wasabi**	**1 c. à table**
125 ml	**huile d'olive**	**1/2 tasse**
	le jus d'un quartier de citron	
1	**oignon moyen coupé en petits dés**	**1**
6	**gousses d'ail finement hachées**	**6**
30 ml	**câpres hachées**	**2 c. à table**
30 ml	**cornichons marinés hachés**	**2 c. à table**
5 ml	**pâte d'anchois (facultatif)**	**1 c. à thé**
5 ml	**sauce Worcestershire**	**1 c. à thé**
	sel et poivre au goût	

1 Hacher la viande au couteau. Elle doit être en morceaux et non crémeuse.**

2 Dans un bol, mettre le jaune d'œuf, la moutarde, le wasabi et, à l'aide d'un fouet, monter une mayonnaise avec l'huile d'olive.

3 Lorsqu'elle est épaisse, ajouter le jus de citron, saler, poivrer et bien mélanger.

4 Incorporer ensuite la viande, l'oignon, l'ail et le reste des ingrédients en mélangeant bien.

5 Goûter, rectifier l'assaisonnement si nécessaire et mettre au réfrigérateur 1 heure environ pour que les saveurs se dégagent.

6 Accompagner de tranches de pain grillées coupées en triangles et d'une salade ou de tranches de tomate.

7 Des frites et une mayonnaise maison sont un complément succulent au tartare.

Bœuf

La note du chef

On peut utiliser de la moutarde à l'ancienne.

On peut utiliser un robot-mélangeur en actionnant par petites pulsions.

Pâtes

Farfalle aux pois verts et au basilic

	huile d'olive pour la cuisson	
2	gousses d'ail	2
1	oignon émincé	1
4	tranches de bacon en lamelles	4
6	feuilles de basilic hachées	6
	sel et poivre du moulin	
450 g	pois verts surgelés	1 lb
250 ml	bouillon de poulet	1 tasse
125 ml	crème 15 %	1/2 tasse
450 g	farfalle	1 lb
125 ml	parmesan	1/2 tasse

1 Dans l'huile chaude, faire revenir l'ail, l'oignon et le bacon 3 à 4 minutes.

2 Ajouter le basilic, le sel, le poivre, les pois et le bouillon de poulet.

3 Porter à ébullition, réduire le feu et cuire 10 minutes.

4 Mettre en purée dans un mélangeur. Replacer sur le feu. Ajouter la crème et cuire 2 minutes.

5 Mettre les pâtes cuites et enrobées de beurre dans la poêle avec la sauce et remuer jusqu'à ce que ce soit chaud.

6 Servir dans des assiettes chaudes et parsemer de fromage.

Pâtes

préparation : **20 minutes**
cuisson : 15 minutes
portions : 4

Fusilli aux gésiers de poulet confits

2	gousses d'ail hachées	2
1	oignon moyen émincé	1
225 g	champignons frais tranchés	8 oz
225 g	gésiers confits de poulet tranchés*	8 oz
6	tomates séchées en lanières	6
4	tomates fraîches en dés	4
125 ml	vin blanc	1/2 tasse
60 ml	crème 35 %	4 c. à table
	sel et poivre au goût	
60 ml	basilic frais haché	4 c. à table
450 g	fusilli	1 lb
	parmesan	

1 Faire colorer l'ail, l'oignon, les champignons. Ajouter les gésiers, les tomates séchées et les tomates fraîches en mélangeant bien.

2 Verser le vin, la crème, le sel, le poivre, le basilic et laisser mijoter 10 minutes à feu doux.

3 Ajouter les pâtes cuites en remuant pour bien réchauffer.

4 Goûter, rectifier si nécessaire et servir avec du parmesan.

La note du chef

* *On peut utiliser des gésiers de canard confits.*

Pâtes

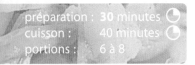

Lasagne au saumon frais

750 ml	sauce béchamel	3 tasses
	sel et poivre du moulin	
5 ml	aneth	1 c. à thé
	lasagnes cuites	
450 g	saumon frais	1 lb
	huile	
1	paquet d'épinards frais	1
150 g	fromage Cendré de Warwick	5 oz
150 g	jarlsberg râpé	5 oz
5 ml	poivre de citron	1 c. à thé

1 Préparer 3 tasses de sauce béchamel en employant moitié lait, moitié bouillon de poulet. Saler, poivrer et assaisonner avec de l'aneth séché.

2 Cuire les lasagnes al dente, assez pour avoir 3 rangées de pâtes.

3 Couper le filet de saumon cru en minces tranches latérales.

4 Huiler le fond et les côtés du plat à lasagne. Étendre une première couche de pâtes, couvrir de la moitié d'un paquet d'épinards, recouvrir de la moitié des tranches de saumon, verser 1 tasse de sauce et parsemer de tranches de fromage Cendré de Warwick.

5 Faire un deuxième étage (pâtes, épinards, saumon, sauce, fromage) et terminer par les pâtes.

6 Recouvrir de la dernière tasse de sauce, parsemer de jarlsberg râpé et de poivre de citron.

7 Cuire dans un four préchauffé à 350 °F (175 °C) pendant 40 minutes.

8 Laisser reposer 10 minutes avant de servir.

La note du chef

Faites votre lasagne la veille, cuite et réfrigérée. Une fois réchauffée, la lasagne sera plus facile à servir et les portions se tiendront bien.

Pâtes

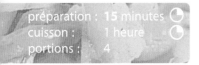

préparation : **15** minutes
cuisson : 1 heure
portions : 4

Lasagne au bœuf en sauce tomate

1	**aubergine ou**	1
2	**courgettes**	2
	huile d'olive pour la cuisson	
1	**gousse d'ail hachée**	1
1	**oignon haché menu**	1
450 g	**bœuf haché**	1 lb
1	**œuf battu**	1
125 g	**fromage à la crème Philadelphia**	4,5 oz
5 ml	**herbes de Provence**	1 c. à thé
8	**grandes lasagnes cuites**	8
1,25 l	**sauce tomate au choix sel et poivre du moulin parmesan**	5 tasses

1 Couper l'aubergine (ou les courgettes) en 8 tranches sur la longueur.

2 Dans une poêle chaude, faire revenir dans l'huile d'olive l'ail et l'oignon en remuant.

3 Ajouter le bœuf haché et cuire jusqu'à ce que la viande ne soit plus rouge.

4 Verser dans un bol. Ajouter l'œuf battu, le Philadelphia, l'assaisonnement et bien mélanger.

5 Dans l'huile, saisir les tranches d'aubergine des deux côtés, saler, poivrer et réserver.

6 Garnir chaque tranche de lasagne de la préparation à la viande. Enrouler avec la tranche d'aubergine ou de courgette puis déposer dans un plat allant au four en plaçant le bout de la tranche d'aubergine en dessous.

7 Verser la sauce tomate sur les lasagnes, couvrir de papier d'aluminium et cuire dans un four préchauffé à 350 °F (175 °C) pendant 45 minutes.

8 Servir 2 lasagnes par assiette. Napper de sauce et saupoudrer de parmesan.

La note du chef

Refroidir la farce au réfrigérateur, ce qui la rendra moins liquide pour farcir les pâtes.

Pâtes

Linguine au saumon fumé

450 g	linguine séchés ou frais au goût	1 lb
	huile d'olive pour la cuisson	
2	gousses d'ail hachées	2
1	oignon émincé	1
12	olives noires coupées en deux	12
2	tomates coupées en dés	2
300 g	saumon fumé en morceaux	10 oz
60 ml	vodka	4 c. à table
30 ml	crème 35 %	2 c. à table
	sel et poivre au goût	
	parmesan	

1 Cuire les pâtes al dente, les essorer et leur ajouter quelques gouttes d'huile d'olive en remuant pour éviter qu'elles ne collent.

2 Faire revenir dans l'huile l'ail et l'oignon à feu moyen, puis ajouter les olives noires en mélangeant.

3 Incorporer les tomates en dés, laisser mijoter 2 à 3 minutes et ajouter le saumon en remuant. Cuire encore quelques minutes.

4 Déglacer avec la vodka, bien mélanger et incorporer la crème en brassant.

5 Saler, poivrer et terminer en ajoutant les pâtes cuites et en continuant de remuer jusqu'à ce que le tout soit bien chaud.

6 Servir dans des assiettes préchauffées et garnir de copeaux de parmesan.

Pâtes

Linguine au veau
à l'huile de truffe

	huile d'olive pour la cuisson	
1	oignon émincé	1
3	gousses d'ail hachées	3
450 g	veau haché	1 lb
125 ml	pacanes entières	1/2 tasse
250 ml	bouillon de poulet	1 tasse
125 ml	crème 35 %	1/2 tasse
	sel et poivre du moulin	
185 ml	parmesan râpé	3/4 tasse
10 ml	huile de truffe	2 c. à thé
450 g	linguine cuits al dente	1 lb

1 Dorer l'oignon dans l'huile, ajouter l'ail et colorer 1 minute.

2 Ajouter le veau haché. Cuire 10 minutes en remuant régulièrement.

3 Incorporer les pacanes. Cuire jusqu'à ce qu'elles soient bien chaudes, puis verser le bouillon.

4 Ajouter la crème, saler et poivrer. Remuer et laisser mijoter 3 minutes.

5 Mélanger à la sauce le parmesan et l'huile de truffe. Laisser mijoter doucement 2 minutes.

6 Incorporer les pâtes cuites, mélanger et servir bien chaud.

Pâtes

Linguine aux crevettes et au pernod

	huile d'olive pour la cuisson	
1	**oignon émincé**	**1**
2	**gousses d'ail hachées**	**2**
16	**grosses crevettes décortiquées**	**16**
30 ml	**pernod**	**2 c. à table**
250 ml	**sauce tomate de votre choix**	**1 tasse**
	sel et poivre du moulin	
30 ml	**crème 35 %**	**2 c. à table**
225 g	**linguine cuits al dente**	**8 oz**
15 ml	**pesto**	**1 c. à table**
	persil frais	

1 Faire revenir l'oignon dans l'huile sans le colorer. Ajouter l'ail. Mélanger, puis colorer les crevettes environ 2 minutes. Déglacer avec le pernod.

2 Ajouter la sauce tomate, cuire 5 minutes. Saler, poivrer et incorporer la crème.

3 Mélanger les pâtes chaudes avec un peu d'huile et le pesto. Servir dans les assiettes.

4 Verser les crevettes en sauce sur les pâtes et décorer de persil frais.

Pâtes

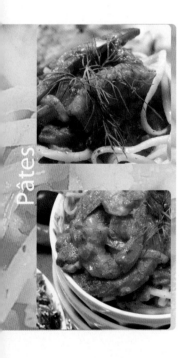

Penne à l'aubergine

250 ml	**aubergine**	**1 tasse**
	huile pour la cuisson	
1	**oignon émincé**	**1**
2	**gousses d'ail finement hachées**	**2**
4	**tomates séchées hachées**	**4**
12	**olives Kalamata coupées en deux**	**12**
125 ml	**bouillon de poulet***	**1/2 tasse**
30 ml	**crème 35 %**	**2 c. à table**
5 ml	**herbes de Provence**	**1 c. à thé**
	sel et poivre au goût	
250 g	**penne**	**9 oz**
	parmesan râpé	

1 Peler l'aubergine et la couper en allumettes.

2 Chauffer l'huile et dorer doucement l'oignon et l'ail.

3 Ajouter les tomates séchées, les olives et les morceaux d'aubergine en remuant régulièrement.

4 Incorporer le bouillon. Remuer et ajouter la crème, les herbes de Provence, le sel et le poivre.

5 Ajouter les penne cuits al dente et remuer quelques minutes pour qu'ils soient bien chauds.

6 Saupoudrer de parmesan et accompagner de saucisses grillées.

La note du chef

* *On peut également utiliser du vin blanc.*

Pâtes

préparation : **10** minutes 🕐
cuisson : 10 minutes 🕐
portions : 4

Spaghettis tunisiens

	huile d'olive pour la cuisson	
6	**gousses d'ail**	6
1	**gros oignon émincé**	1
1	**petite boîte de pâte**	1
	de tomate (5 oz)	
60 ml	**eau**	4 c. à table
30 ml	**harissa**	2 c. à table
	sel et poivre	
450 g	**spaghettis cuits**	1 lb

Garniture :

2	**tomates en dés**	2
1	**paquet de 8 oz de champignons**	1
	frais tranchés	
1	**botte de petits oignons**	1
	verts émincés	
400 g	**fromage (cheddar fort ou autre)**	14 oz

1 Faire revenir l'ail et l'oignon dans l'huile.

2 Ajouter la pâte de tomate et assez d'eau pour que la préparation soit onctueuse.

3 Incorporer la pâte harissa, le sel et le poivre. Bien mélanger et rectifier si nécessaire.

4 Mettre les spaghettis cuits dans la sauce et remuer pour que ce soit bien chaud.

5 Servir dans des assiettes chaudes avec les garnitures dans des plats individuels pour que chaque convive se serve à son goût.

Pâtes

La note du chef

Vous pouvez faire griller des saucisses merguez et en accompagner les pâtes.

Vermicelles à la pékinoise

45 ml	huile d'olive	3 c. à table
2	oignons moyens finement hachés	2
4	gousses d'ail	4
2	tranches de gingembre frais hachées	2
450 g	porc haché maigre	1 lb
15 ml	fécule de maïs délayée	1 c. à table
60 ml	dans le bouillon de poulet	4 c. à table
15 ml	huile de sésame	1 c. à table
75 ml	sauce soya	5 c. à table
30 ml	rhum brun	2 c. à table
15 ml	cassonade	1 c. à table
450 g	vermicelles ou de spaghettis	1 lb
60 ml	ciboulette hachée	4 c. à table

Légumes de garniture :

Bâtonnets de carottes et minces tranches de chou Bok Shoi blanchi 4 minutes dans l'eau bouillante

1 Chauffer l'huile d'olive dans une grande poêle à feu modéré et ajouter l'oignon, l'ail, le gingembre. Faire revenir 2 minutes.

2 Ajouter le porc et cuire 5 minutes ou jusqu'à ce que la viande perde sa couleur rosée.

3 Délayer la fécule de maïs dans l'eau.

4 Incorporer l'huile de sésame, la sauce soya, le rhum, la cassonade, la ciboulette et cuire encore 3 minutes. Ajouter la fécule délayée et cuire jusqu'à épaississement.

5 Garnir les assiettes avec les pâtes cuites. Verser la sauce, étendre les légumes tout autour de l'assiette et saupoudrer de ciboulette.

Pâtes

Poissons et fruits de mer

Crevettes jazz

30 ml	huile d'olive	2 c. à table
1	poireau émincé	1
4	gousses d'ail hachées	4
16	grosses crevettes tigrées	16
60 ml	vodka	4 c. à table
15 ml	miel	1 c. à table
5-10 ml	harissa	1-2 c. à thé
	le jus et le zeste de 2 oranges	
60 ml	crème 35 %	4 c. à table
	sel et poivre de citron	

1 Dans l'huile chaude, sauter le poireau et l'ail. Ajouter les crevettes, le zeste d'orange et cuire les crevettes environ 2 minutes par côté, jusqu'à ce qu'elles se colorent.

2 Déglacer avec la vodka, retirer les crevettes. Ajouter le miel, le harissa, le jus d'orange, la crème et cuire 2 minutes à feu doux.

3 Remettre les crevettes, saler, saupoudrer de poivre de citron et cuire encore 2 minutes.

4 Servir sur des pâtes à l'encre de pieuvre enrobées de beurre ou sur un riz basmati. Accompagner de tranches de courgettes sautées.

Poissons et fruits de mer

Curry de pétoncles aux poivrons

30 ml	huile d'olive	2 c. à table
4	échalotes vertes émincées	4
2	gousses d'ail hachées	2
16	gros pétoncles	16
30 ml	beurre	2 c. à table
15 ml	pâte de curry	1 c. à table
5 ml	muscade	1/2 c. à thé
30 ml	farine	2 c. à table
125 ml	vin blanc*	1/2 tasse
1	boîte de lait de coco de 400 ml	1
	sel et poivre du moulin	
2	poivrons (1 rouge et 1 jaune)	2
	nouilles aux œufs cuites	

1 Dans l'huile chaude, sauter les échalotes et l'ail sans colorer. Ajouter les pétoncles et cuire 1 minute par côté pour les colorer.

2 Retirer les pétoncles de la poêle. Ajouter le beurre, la pâte de curry, la muscade. Chauffer doucement en remuant et retirer la poêle du feu.

3 Ajouter la farine en mélangeant. Verser le vin tiède sans cesser de brasser.

4 Cuire 5 minutes à feu moyen, puis incorporer le lait de coco.

5 Saler, poivrer. Remettre les pétoncles dans la poêle et cuire doucement 5 minutes.

6 Entre-temps, sauter des lanières de poivrons rouges et jaunes dans l'huile d'olive.

7 Garnir le fond des assiettes avec des nouilles aux œufs enrobées d'une noix de beurre.

8 Déposer au centre 4 pétoncles nappés de sauce et entourer de lanières de poivrons.

Poissons et fruits de mer

La note du chef

* On peut aussi utiliser du bouillon de poulet.

Darnes de saumon tempura

80 ml	**chapelure tempura**	**1/3 tasse**
2	**branches d'estragon frais haché**	**2**
	sel et poivre	
4	**darnes de saumon**	**4**
30 ml	**huile d'olive**	**2 c. à table**
	le zeste et le jus de deux limes	

Sauce :

80 ml	**sauce soya**	**1/3 tasse**
30 ml	**vinaigre de riz**	**2 c. à table**
15 ml	**miel**	**1 c. à table**

1 Mélanger la chapelure tempura, le zeste des limes, l'estragon haché, le sel et le poivre.

2 Rouler les darnes de saumon dans le mélange.

3 Chauffer l'huile à feu moyen dans une poêle et cuire les darnes trois minutes de chaque côté.

4 Retirer l'excédent d'huile et déglacer avec le jus de lime.

Préparation de la sauce :

1 Mélanger la sauce soya, le vinaigre de riz et le miel.

2 Faire chauffer à feu doux 2 à 3 minutes.

3 Servir la sauce froide ou tiède.

Poissons et fruits de mer

Filets de saumon aux herbes fraîches

4	**portions de filets de saumon**	4
1	**bouquet de persil frais**	1
1	**bouquet d'aneth frais**	1
8	**feuilles de menthe**	8
2	**gousses d'ail**	2
30 ml	**moutarde de Dijon**	2 c. à table
250 ml	**huile d'olive**	1 tasse
	le jus d'une lime	

1 Passer tous les ingrédients (sauf le saumon) au robot culinaire jusqu'à ce que ce soit lisse.

2 Badigeonner les filets de ce mélange et cuire dans un four préchauffé à 375 °F (190 °C) pendant 10 minutes.

3 La cuisson peut varier selon les types de four : l'intérieur du saumon doit être rose et humide.

4 Accompagner d'une macédoine de légumes et de tranches de tomate.

Poissons et fruits de mer

La note du chef

Le mélange d'herbes qui reste se conservera plusieurs semaines au réfrigérateur et sera tout aussi délicieux avec le poulet.

Filets de saumon au basilic

15 ml	moutarde de Dijon	1 c. à table
15 ml	huile d'olive	1 c. à table
15 ml	Blaze ou	1 c. à table
	vinaigre balsamique	
60 ml	pernod	4 c. à table
15 ml	miel	1 c. à table
2	portions de filets de saumon	2
8	feuilles de basilic frais	8
	poivre de citron	

1 Mélanger ensemble la moutarde, l'huile, le Blaze, le pernod et le miel.

2 Badigeonner du mélange les filets de saumon. Mettre 4 feuilles de basilic sur chacun. Ajouter le poivre de citron et laisser mariner à la température de la pièce 1 heure.

3 Chauffer le four à 375 °F (190 °C).

4 Mettre les filets de saumon dans un plat huilé, peau en dessous, et cuire pendant 10 minutes.

5 La cuisson peut varier selon les types de four : l'intérieur du saumon doit être rose et humide.

6 Servir les filets dans des assiettes bien chaudes accompagnés d'épinards à la crème et de carottes au beurre.

Poissons et fruits de mer

Filet de truite arc-en-ciel à l'anis

1	**citron en rondelles**	**1**
4	**étoiles d'anis***	**4**
1	**petit oignon en rondelles**	**1**
450 g	**filet de truite arc-en-ciel**	**1 lb**
	sel et poivre du moulin	
250 ml	**vin blanc**	**1 tasse**
30 ml	**crème 35 %**	**2 c. à table**
	fécule de maïs	

1 Étendre les rondelles de citron dans le fond d'une poêle à couvercle. Déposer les étoiles d'anis et couvrir des rondelles d'oignon.

2 Déposer le filet de truite. Saler et poivrer. Verser le vin, couvrir et pocher 10 minutes.

3 Sortir la truite à l'aide d'une spatule et la garder au chaud.

4 Filtrer le bouillon. Remettre sur le feu. Ajouter la crème et laisser mijoter 2 minutes.

5 Lier avec la fécule de maïs diluée dans un peu d'eau et vérifier l'assaisonnement.

6 Couper le filet en 2 portions. Napper avec la sauce et servir bien chaud.

Poissons et fruits de mer

La note du chef

* Vous pouvez remplacer l'anis étoilé par des rondelles de fenouil frais.

Filets de tilapia citrus

60 ml	**vinaigre balsamique**	**4 c. à table**
	le jus de 3 citrons et 3 limes	
	sel et poivre du moulin	
4 à 6	**filets de tilapia, selon le poids**	**4 à 6**
5 ml	**curcuma**	**1 c. à thé**
	huile pour la cuisson	

1 Mélanger le vinaigre balsamique, les jus de citron et de lime, le sel et le poivre, et verser dans un plat sur les filets.

2 Laisser mariner 1 heure au frais.

3 Sortir les filets, les éponger avec du papier essuie-tout et saupoudrer de curcuma.

4 Chauffer l'huile à feu moyen et cuire les filets environ 2 à 3 minutes par côté.

5 Déposer les filets dans des assiettes et arroser légèrement de marinade.

Poissons et fruits de mer

Filets de truite saumonée aux champignons

4	**portions de filets de truite saumonée**	4
2	**tranches de bacon maigre**	2
	huile d'olive pour la cuisson	
2,5 ml	**poivre de citron**	1/2 c. à thé
2	**paquets de pleurotes***	2
1	**oignon émincé**	1
	sel et poivre du moulin	
30 ml	**crème 35 %**	2 c. à table
2,5 ml	**marjolaine**	1/2 c. à thé

1 Retirer la peau des filets de truite et couper en deux. Couper le bacon en lamelles.

2 Badigeonner un plat allant au four avec de l'huile d'olive. Y déposer les filets de truite et les enduire d'huile d'olive, de sel et de poivre de citron.

3 Cuire 12 minutes dans un four préchauffé à 350 °F (175 °C).

4 Pendant ce temps, couper en morceaux les pleurotes et les faire sauter dans un peu d'huile avec le bacon et l'oignon.

5 Saler, poivrer et ajouter la crème et la marjolaine en remuant régulièrement.

6 Répartir les champignons dans les assiettes et y déposer les filets de truite.

7 Accompagner de pommes de terre bouillies avec la pelure et taillées en éventail.

8 Garnir de persil frais.

Poissons et fruits de mer

La note du chef

On peut remplacer les pleurotes par des champignons blancs coupés en tranches.

Roulades de sole farcies

4 à 8	filets de sole, selon le poids	4 à 8
15 ml	jus de citron	1 c. à table
15 ml	beurre	1 c. à table
1	échalote finement hachée	1
115 g	champignons émincés	4 oz
2,5 ml	aneth sec	1/2 c. à thé
	sel et poivre au goût	
60 ml	crème 35 %	4 c. à table
115 g	crevettes nordiques	4 oz
375 ml	vin blanc	1 1/2 tasse
1	feuille de laurier	1
1	petit oignon émincé	1
10 ml	fécule de maïs	2 c. à thé

1 Mettre les filets à plat sur un plan de travail et les arroser avec le jus de citron. Laisser en attente.

2 Faire fondre le beurre dans une poêle moyenne posée sur un feu modéré.

3 Lorsque la mousse disparaît, ajouter l'échalote et, en remuant constamment, faire revenir 3 à 4 minutes, jusqu'à ce qu'elle soit tendre.

4 Incorporer les champignons, l'aneth, le sel, le poivre, la crème et cuire 3 minutes sans cesser de remuer.

5 Incorporer les crevettes et cuire 3 minutes de plus.

6 Retirer la poêle du feu et répartir cette farce sur les filets de poisson.

7 Rouler les filets sur eux-mêmes et les attacher avec du fil.

8 Dans une sauteuse peu profonde sur un feu modéré, porter à ébullition le vin, la feuille de laurier et l'oignon.

9 Avec une écumoire, déposer en une seule couche les roulades dans le liquide. Réduire le feu et laisser cuire tout doucement 8 minutes.

10 Retirez la casserole du feu.

11 Sortir les roulades, enlever les fils et garder au chaud.

12 Filtrer le jus de cuisson, remettre la casserole sur le feu. Réduire le liquide du tiers, diminuer le feu, ajouter la fécule et mélanger jusqu'à ce que la sauce soit à votre goût.

13 Napper les roulades de sauce et servir aussitôt.

Poissons et fruits de mer

128

Sauté de pétoncles et de fraises

	huile et beurre pour la cuisson	
1	oignon moyen émincé	1
300 g	pétoncles frais	10 oz
60 ml	coriandre fraîche hachée	4 c. à table
24	fraises fraîches équeutées	24
30 ml	vinaigre balsamique	2 c. à table
	sel et poivre du moulin	

1 Dans une poêle chaude, dorer légèrement l'oignon avec l'huile et le beurre. Ajouter les pétoncles et les sauter 2 minutes pour les colorer sans cuire l'intérieur.

2 Ajouter la coriandre, les fraises et bien agiter pour que les fraises soient chaudes mais restent fermes.

3 Saler et poivrer.

4 Verser le vinaigre balsamique et bien mélanger.

5 Servir immédiatement sur des pâtes aromatisées au beurre et garnir de fleurs de sel et de poivre du moulin.

Poissons et fruits de mer

Sole farcie en manteau d'algue

6	**petits filets de sole**	**6**
125 ml	**saké**	**1/2 tasse**
2	**feuilles d'algue**	**2**
75 g	**truite fumée ou saumon fumé**	**2,5 oz**
2	**échalotes hachées**	**2**
	sel et poivre de citron	

1 Mariner les filets de sole dans le saké environ 1 heure.

2 Déposer les feuilles d'algue à plat et étendre les filets de sole sur ces feuilles.

3 Répartir la truite fumée sur les filets et les échalotes hachées. Saler, poivrer et enrouler les feuilles d'algue en mouillant le bord avec de l'eau pour sceller le rouleau.

4 Déposer avec le saké dans un plat allant au four, en plaçant le scellé en dessous. Couvrir de papier d'aluminium.

5 Cuire au four 15 minutes, à 350 °F (175 °C).

6 Servir coupé en biseau et arroser de Blaze.

Poissons et fruits de mer

Spaghettis aux pétoncles et aux crevettes

	huile d'olive pour la cuisson	
1	oignon émincé	1
4	gousses d'ail hachées	4
8	gros pétoncles	8
16	crevettes tigrées décortiquées	16
30 ml	pernod	2 c. à table
2	tomates en dés	2
125 ml	bouillon de poulet	1/2 tasse
60 ml	crème 35 %	4 c. à table
1/2	paquet de bébés épinards	1/2
	sel et poivre du moulin	
225 g	spaghettis cuits al dente	8 oz

1 Faire revenir l'oignon dans l'huile 2 minutes. Ajouter l'ail et cuire sans colorer.

2 Ajouter les pétoncles, les crevettes et saisir 2 minutes par côté pour bien colorer.

3 Verser le pernod, mélanger et mettre les pétoncles et les crevettes de côté, au chaud.

4 Ajouter dans la poêle les dés de tomates et cuire 2 minutes.

5 Incorporer le bouillon de poulet et la crème. Mélanger et ajouter les épinards.

6 Ajouter les spaghettis, saler et poivrer, cuire encore quelques minutes pour que la sauce épaississe un peu.

7 Verser dans 2 assiettes et répartir les pétoncles et les crevettes.

8 Garnir d'un bouquet d'herbes fraîches.

Poissons et fruits de mer

Porc

Burger de porc aux dattes et au chèvre

préparation : **15 minutes**
cuisson : **10 minutes**
portions : **4**

6	dattes fraîches, dénoyautées	6
900 g	porc haché maigre	2 lb
5 ml	graines de carvi	1 c. à thé
60 ml	ciboulette hachée	4 c. à table
	mayonnaise	
4	tranches de Doux Péché	4
4	feuilles de laitue	4
	sel et poivre du moulin	

1 Hacher les dattes.

2 Mélanger tous les ingrédients, sauf le fromage de chèvre Doux Péché et la laitue.

3 Cuire au barbecue.

4 Placer la viande dans un pain à hamburger grillé, tartiné de mayonnaise. Garnir avec une feuille de laitue et une tranche de fromage de chèvre.

Porc

Carré de porc barbecue

15 ml	gingembre frais haché	1 c. à table
5 ml	harissa	1 c. à thé
30 ml	cassonade	2 c. à table
	sel et poivre du moulin	
900 g	carré de porc	2 lb
	huile d'olive pour la cuisson	

Sauce :

60 ml	sauce chili	4 c. à table
45 ml	sauce soya	3 c. à table
15 ml	sauce Worcestershire	1 c. à table
30 ml	pâte de tomate	2 c. à table
15 ml	moutarde de Dijon	1 c. à table
15 ml	vinaigre de cidre	1 c. à table
30 ml	cassonade	2 c. à table
2	gousses d'ail hachées	2
5 ml	coriandre moulue	1 c. à thé

1 Mélanger le gingembre, le harissa, la cassonade, le sel, le poivre. Enrober le carré de porc de ce mélange.

2 Faire revenir de tous les côtés le porc dans l'huile chaude et mettre dans un plat allant au four.

3 Mélanger les ingrédients de la sauce et verser sur le porc.

4 Cuire au four à 350 °F (175 °C), non couvert, pendant 45 minutes.

5 Ajouter un peu de bouillon de poulet ou de vin blanc dans la lèchefrite durant la cuisson si la sauce devient trop épaisse.

6 Laisser reposer 10 minutes avant de découper.

Cuisson au barbecue :

1 Ouvrir un seul des brûleurs du barbecue. Saisir de tous les côtés le carré sur le feu.

2 Mettre dans une lèchefrite, arroser avec la sauce.

3 Placer du côté sans feu et cuire le couvercle fermé en remuant la sauce de temps en temps.

Porc

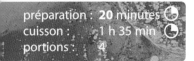

préparation : **20** minutes
cuisson : **1 h 35 min**
portions : **4**

Cassoulet de porc méditerranéen

900 g	filets ou médaillons de porc	2 lb
	huile d'olive pour la cuisson	
4	gousses d'ail hachées	4
1	gros oignon émincé	1
2	poivrons (1 rouge et 1 vert) en dés	2
3	courgettes en rondelles	3
1	aubergine pelée, coupée en cubes	1
400 g	tomates en boîte	14 oz
125 ml	vin blanc	1/2 tasse
	le jus et le zeste d'un citron	
	sel et poivre du moulin	
400 g	haricots blancs en boîte	14 oz

1 Couper la viande en cubes de 2 pouces (5 cm).

2 Dans l'huile, faire revenir l'ail et l'oignon 2 minutes. Ajouter les poivrons et le porc. Cuire 5 minutes en remuant.

3 Ajouter le reste des ingrédients, sauf les haricots, et amener à ébullition.

4 Baisser le feu, couvrir et laisser mijoter pendant 1 heure.

5 Incorporer les haricots et cuire encore 30 minutes.

Porc

142

préparation : **5** minutes
cuisson : 15 à 40 min
portions : 2

Filet de porc au miel et au poivre de la Jamaïque

	huile d'olive	
450 g	filet ou carré de porc (4 côtes)	1 lb
80 ml	miel	1/3 tasse
15 ml	poivre de la Jamaïque	1 c. à table
1	oignon émincé	1
2	morceaux de beurre	2
	sel et poivre du moulin	
60 ml	vin blanc*	4 c. à table

1 Saisir de tous les côtés le filet ou le carré dans l'huile.

2 Mettre dans un plat allant au four et arroser de miel. Saupoudrer de poivre de la Jamaïque. Saler, poivrer. Étendre l'oignon et déposer les morceaux de beurre.

3 Préchauffer à 350 ˚F (175 ˚C).**

Pour le filet :

4 Cuire 15 minutes en ajoutant le vin 5 minutes avant la fin de cuisson.

5 Laisser reposer 5 minutes couvert de papier d'aluminium avant de découper.

Pour le carré :

4 Cuire 40 minutes et ajouter le vin 10 minutes avant la fin de cuisson.

5 Laisser reposer 10 minutes couvert de papier d'aluminium avant de découper.

Porc

La note du chef

* Le vin blanc peut être remplacé par la même quantité de cognac.

**Le filet ou le carré doit être légèrement rosé au centre.

préparation : **5 minutes**
macération : 4 heures
cuisson : 25 minutes
portions : 4

Filets de porc au rhum et au soya

1 cm	gingembre frais	1/2 pouce
60 ml	sauce soya	4 c. à table
60 ml	mélasse ou cassonade	4 c. à table
30 ml	rhum brun	2 c. à table
	sel et poivre du moulin	
2	filets de porc	2

1 Peler et émincer le gingembre.

2 Dans un plat creux, mélanger la sauce soya, la mélasse ou la cassonade, le gingembre, le rhum, le sel et le poivre et faire mariner le porc 4 heures en le retournant souvent.

3 Faire chauffer le four à 475 °F (240 °C).

4 Mettre le porc et la marinade dans une lèchefrite et faire cuire 10 minutes au four.

5 Retourner la viande et diminuer la température du four à 375 °F (190 °C).

6 Cuire encore 15 minutes en tournant et en arrosant fréquemment.

7 La viande doit être encore un peu rosée au centre.

8 Déguster chaud, avec un riz frit, des légumes sautés et une moutarde asiatique forte, ou encore froid accompagné d'une salade croustillante.

Porc

146

préparation : **15** minutes
cuisson : 8 minutes
portions : 4

Filets de porc
aux poivrons verts

2	filets de porc	2
2	poivrons verts	2
45 ml	huile de sésame	3 c. à table
3	échalotes vertes émincées	3
2	gousses d'ail hachées	2
2	tomates coupées en dés	2
	sel et poivre de citron	

1 Couper la viande en tranches minces. Évider les poivrons et couper en lanières.

2 Dans l'huile chaude, faire revenir les échalotes. Ajouter l'ail et saisir les tranches de porc.

3 Mettre de côté les tranches de porc. Ajouter un peu d'huile de sésame si nécessaire. Sauter les poivrons et les tomates.

4 Remettre les tranches de porc dans la poêle et cuire encore 3 minutes ou jusqu'à ce que ce soit chaud.

5 Servir sur des vermicelles de riz.

Porc

préparation : **15 minutes**
macération : 1 heure
cuisson : 20 minutes
portions : 2

Filet de porc farci au moût de raisin

2	**tranches minces de jambon***	2
60 g	**fromage Cambozola**	2 oz
1	**gros filet de porc (ou 2 petits)**	1
60 ml	**moût de raisin**	4 c. à table
	sel et poivre du moulin	
	coriandre moulue	
125 ml	**vin blanc**	1/2 tasse
2	**échalotes vertes hachées**	2

1 Étendre le jambon et déposer le fromage sur la longueur de la tranche.

2 Rouler la tranche de jambon avec le fromage. Ouvrir en partie le filet sur la longueur. Farcir avec le jambon et le fromage. Refermer avec de la ficelle et mettre dans un plat creux.

3 Arroser le filet de moût de raisin. Saler, poivrer, saupoudrer de coriandre et mariner 1 heure à la température de la pièce.

4 Saisir le filet de tous côtés dans une poêle. Arroser de vin blanc. Ajouter les échalotes, la marinade, couvrir et cuire dans un four préchauffé à 350 ˚F (175 ˚C) pendant 15 à 20 minutes.

5 Enlever la ficelle, trancher en biseaux et napper du jus de cuisson.

La note du chef

* *On peut utiliser aussi bien du jambon italien que du jambon cuit.*

Porc

Nouilles au porc de Pattaya

45 ml	huile de soya ou d'olive	3 c. à table
2	gousses d'ail hachées	2
3	échalotes vertes	3
185 ml	champignons tranchés	3/4 tasse
2	branches de céleri tranchées	2
450 g	porc haché maigre	1 lb
125 ml	bouillon de poulet	1/2 tasse
15 ml	cassonade	1 c. à table
15 ml	sauce tamari	1 c. à table
5 ml	Sambal Olek*	1/2 c. à thé
	sel et poivre du moulin	
15 ml	fécule de maïs	1 c. à table

1 Colorer l'ail et l'échalote dans l'huile chaude pendant 2 minutes. Ajouter les champignons.

2 Après 2 minutes, incorporer le céleri et le porc haché en mélangeant bien.

3 Verser le bouillon de poulet, la cassonade, la sauce tamari, le Sambal Olek, le sel et le poivre.

4 Cuire doucement 10 minutes, verser la fécule (délayée dans 1 c. à table [15 ml] d'eau) et cuire encore 2 minutes.

5 Servir sur des nouilles aux œufs aromatisées d'un peu de beurre.

La note du chef

* Le Sambal Olek peut être remplacé par la pâte harissa.

Porc

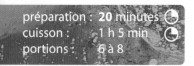

Ragoût de porc aux olives

80 ml	farine	1/3 tasse
	sel et poivre	
375 ml	olives vertes farcies	1 1/2 tasse
1,35 kg	ronde de porc coupée en dés	3 lb
	huile d'olive pour la cuisson	
2	oignons émincés	2
3	gousses d'ail hachées	3
1	navet pelé et coupé en dés	1
1	boîte de 14 oz (400 g) de tomates en dés	1
	le zeste d'un citron	
45 ml	coriandre fraîche hachée	3 c. à table
125 ml	vin blanc	1/2 tasse
300 ml	bouillon de poulet	1 1/4 tasse
30 ml	pâte de tomate	2 c. à table

1   Assaisonner la farine de sel et de poivre. Rincer les olives à l'eau tiède.

2   Dans une assiette, enfariner les dés de porc et enlever l'excédent de farine.

3   Dans une cocotte, faire dorer le porc dans l'huile chaude par petites quantités en remuant régulièrement et le mettre ensuite dans une assiette.

4   Dans la cocotte, dorer l'oignon et l'ail en remuant jusqu'à ce qu'ils soient translucides. Ajouter les cubes de navet, les olives, les tomates, le zeste de citron et la coriandre.

5   Laisser cuire 5 minutes à feu moyen. Ajouter le vin, le bouillon, sel et poivre, la pâte de tomate, les dés de porc. Couvrir la cocotte et laisser mijoter environ 1 heure.

6   Si la sauce est trop liquide, l'épaissir à l'aide de fécule de maïs.

7   Servir avec un riz ou des pâtes.

Porc

préparation : **5** minutes
macération : 15 minutes
cuisson : 15 minutes
portions : 4

Roulades d'aubergine à la saucisse

1	**grosse aubergine**	**1**
60 ml	**huile d'olive**	**4 c. à table**
2	**gousses d'ail hachées**	**2**
5 ml	**marjolaine ou thym**	**1 c. à thé**
	sel et poivre du moulin	
8	**saucisses de porc (ou à votre choix)**	**8**
60 ml	**parmesan râpé**	**4 c. à table**

1 Trancher l'aubergine en 8, sur la longueur.

2 Mélanger l'huile d'olive, l'ail, la marjolaine, le sel, le poivre. En badigeonner l'aubergine et laisser mariner 15 minutes.

3 Griller les saucisses au barbecue, les retirer et garder au chaud.

4 Griller des deux côtés les tranches d'aubergine au barbecue et mettre dans une assiette.

5 Parsemer l'aubergine de parmesan. Y enrouler les saucisses et maintenir avec un cure-dent.

6 Remettre sur le gril en retournant jusqu'à ce que ce soit bien chaud.

7 Servir dans un pain pita ou un tortilla, enrobé d'une moutarde au miel.

Porc

La note du chef

Cette recette peut tout aussi bien être réalisée à la poêle.

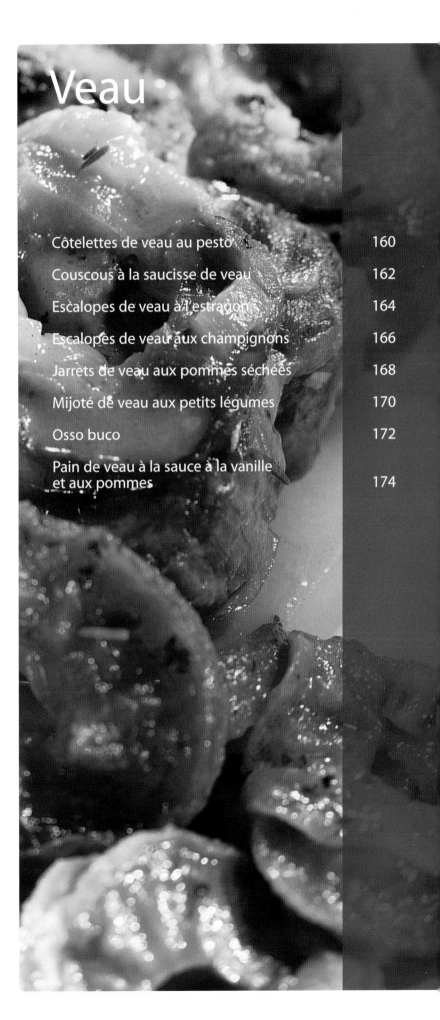

Veau

Côtelettes de veau au pesto

4	côtelettes de veau	4
125 ml	pesto maison ou du marché	1/2 tasse
	le zeste et le jus d'une lime	
	sel et poivre du moulin	

1 Choisir des côtelettes de 1 1/4 pouce (3 cm) d'épaisseur.

2 Saler et poivrer les côtelettes.

3 Mélanger le zeste et le jus de lime au pesto.

4 Mettre les côtelettes dans un plat et bien badigeonner du mélange pesto-lime.

5 Réfrigérer 2 heures en tournant les côtelettes après 1 heure.

6 Cuire au barbecue 3 minutes par côté et terminer 2 minutes le couvercle fermé.

7 L'intérieur des côtelettes doit être un peu rosé.

8 Accompagner d'une salade de mangues et tomates ou de légumes grillés.

Cuisson au four :

9 Saisir les côtelettes à la poêle 2 minutes par côté. Cuire au four 18 minutes à 350 °F (175 °C).

Veau

Couscous à la saucisse de veau

2	oignons émincés	2
4	gousses d'ail hachées	4
	huile d'olive pour la cuisson	
8	saucisses de veau	8
2	tomates en dés	2
	sel et poivre du moulin	
500 ml	bouillon de poulet	2 tasses
15 ml	pâte de tomate	1 c. à table
5 ml	épices à couscous	1 c. à thé
5 ml	harissa	1 c. à thé
5	carottes en bâtonnets	5
1	navet en bâtonnets	1
	pois chiches	

Semoule :

30 ml	pâte de tomate	2 c. à table
250 ml	eau	1 tasse
250 ml	couscous	1 tasse
15 ml	huile d'olive	1 c. à table
2	gousses d'ail hachées très fin	2
	sel	

1 Dans une grande poêle, colorer les oignons et l'ail dans l'huile d'olive.

2 Ajouter les saucisses et faire dorer de tous côtés.

3 Incorporer les tomates en dés. Saler, poivrer et mélanger.

4 Verser le bouillon de poulet, la pâte de tomate, les épices à couscous et la pâte harissa.

5 Ramener à ébullition. Ajouter les carottes et le navet en bâtonnets. Couvrir et laisser mijoter 15 minutes.

6 Dresser au centre des assiettes un monticule de couscous, les bâtonnets de légumes et les saucisses autour. Arroser avec la sauce et garnir le dessus de pois chiches.

Préparation de la semoule :

1 Diluer la pâte de tomate dans 1/2 tasse (125 ml) d'eau.

2 Dans un grand bol en verre ou en plastique, verser le couscous.

3 Ajouter l'huile d'olive, l'ail et bien mélanger. Laisser en attente 15 minutes.

4 Verser sur la semoule le mélange de pâte de tomate et eau et mélanger.

5 Laisser gonfler 15 minutes et mélanger pour bien détacher les grains de couscous.

6 Ajouter l'autre 1/2 tasse d'eau (à laquelle une pincée de sel aura été additionnée), mélanger et laisser gonfler à nouveau.

7 Défaire les grains de couscous et cuire au micro-ondes 2 minutes à maximum. Laisser reposer.

8 Avant de servir, remettre le couscous 2 minutes au micro-ondes.

Veau

Escalopes de veau à l'estragon

4	**escalopes de veau bien aplaties**	**4**
10 ml	**grains de poivre écrasés**	**2 c. à thé**
5 ml	**sel**	**1 c. à thé**
1	**grosse gousse d'ail**	**1**
30 ml	**beurre**	**2 c. à table**
30 ml	**huile d'olive**	**2 c. à table**
185 ml	**vin blanc**	**3/4 tasse**
45 ml	**estragon frais haché ou**	**3 c. à table**
5 ml	**estragon séché**	**1 c. à thé**
125 ml	**crème 35 %**	**1/2 tasse**

1 Frotter les escalopes de poivre, de sel et d'ail.

2 Fondre le beurre et l'huile dans une grande poêle à feu modéré. Faire revenir les escalopes 4 minutes de chaque côté pour colorer.

3 Retirer les escalopes et laisser en attente.

4 Ajouter dans la poêle le vin et l'estragon. Augmenter le feu et laisser réduire de moitié en grattant bien le fond de la poêle pour détacher les particules.

5 Réduire à feu doux et incorporer la crème.

6 Remettre les escalopes dans la poêle et cuire encore 2 minutes en remuant régulièrement.

7 Servir accompagnée de champignons sautés et d'une purée de pommes de terre.

Veau

Escalopes de veau aux champignons

4	escalopes de veau aplaties	4
	sel et poivre au goût	
	huile d'olive pour la cuisson	
1	petit oignon émincé	1
8	champignons tranchés	8
4	tranches de provolone*	4
4	feuilles de sauge	4
60 ml	farine	4 c. à table
1	œuf battu	1
125 ml	chapelure sèche	1/2 tasse

1 Saler et poivrer les escalopes. Les faire dorer d'un côté et les déposer dans une assiette.

2 Dorer l'oignon dans l'huile chaude, puis sauter les champignons.

3 Répartir la préparation de champignons sur la moitié de chaque escalope côté cuit. Poser par-dessus les tranches de fromage et une feuille de sauge.

4 Replier les tranches de veau et maintenir avec un cure-dent.

5 Passer des deux côtés chaque tranche dans la farine. Puis dans l'œuf et la chapelure.

6 Cuire 3 minutes par côté dans une poêle bien chaude. On peut aussi les cuire au four à 350 °F (175 °C) pendant 15 minutes.

Veau

La note du chef

* *On peut remplacer ce fromage par de l'emmenthal ou une autre variété au goût.*

Jarrets de veau
aux pommes séchées

45 ml	farine	3 c. à table
	sel et poivre du moulin	
	le zeste d'un citron	
60 ml	persil haché	4 c. à table
4	jarrets de veau	4
	huile d'olive pour la cuisson	
2	gousses d'ail hachées	2
1	oignon émincé	1
12	tranches de pommes séchées	12
500 ml	vin blanc	2 tasses
500 ml	bouillon de poulet	2 tasses
5 ml	fines herbes	1 c. à thé

1 Assaisonner la farine de poivre et de sel. Mélanger le zeste de citron au persil haché.

2 Tourner les jarrets dans la farine et les saisir dans l'huile d'olive.

3 Déposer les jarrets dans un plat allant au four.

4 Dans la même poêle, faire revenir l'ail et l'oignon. Ajouter les pommes séchées et remuer.

5 Déglacer avec le vin blanc. Ajouter le bouillon, les fines herbes et amener à ébullition.

6 Verser sur les jarrets, couvrir et cuire dans un four préchauffé à 350 °F (175 °C) pendant 2 heures.

7 Sortir du four et ajouter le zeste de citron et le persil en les mélangeant à la sauce.

8 Remettre au four 15 minutes.

9 Servir les jarrets sur une rondelle de navet aromatisée au beurre et disposer les pommes autour.

Veau

Mijoté de veau aux petits légumes

1,4 kg	**veau en dés de 2 pouces (5 cm)**	**3 lb**
	sel et poivre du moulin	
60 ml	**huile d'olive**	**4 c. à table**
625 ml	**bouillon de veau***	**2 1/2 tasses**
15 ml	**herbes de Provence**	**1 c. à table**
1	**petite boîte de pâte de tomate**	**1**
450 g	**petits oignons épluchés ou en boîte**	**1 lb**
450 g	**petits pois surgelés**	**1 lb**
225 g	**petites carottes grattées**	**8 oz**
1	**paquet de champignons frais**	**1**
5 ml	**sucre**	**1 c. à thé**

1. Assaisonner le veau avec le sel et le poivre.

2. Dans une grande cocotte, chauffer l'huile sur feu modéré. Ajouter le veau et le faire revenir en le tournant fréquemment, jusqu'à ce qu'il soit doré (6 à 8 minutes).

3. Mouiller avec le bouillon. Ajouter les herbes de Provence, la pâte de tomate et amener à ébullition.

4. Couvrir la cocotte, baisser le feu et laisser frissonner 1 heure.

5. Retirer le couvercle et ajouter les oignons, les pois, les carottes, les champignons et le sucre.

6. Faire cuire encore 30 minutes ou jusqu'à ce que la viande et les légumes soient tendres.

7. Vérifier l'assaisonnement et servir immédiatement.

La note du chef

* *On peut aussi utiliser du bouillon de poulet.*

Veau

Osso buco

6	jarrets de veau	6
180 ml	farine assaisonnée de sel et poivre	3/4 tasse
	huile et beurre pour la cuisson	
1	gros oignon émincé	1
400 g	tomates en boîte, en dés	14 oz
30 ml	concentré de tomate	2 c. à table
5 ml	sucre	1 c. à thé
250 ml	vin blanc	1 tasse
5 ml	harissa	1 c. à thé
6	carottes en rondelles	6
	sel et poivre du moulin	

Gremolada :

15 ml	zeste de citron finement râpé	1 c. à table
2	gousses d'ail écrasées	2
30 ml	persil frais finement haché	2 c. à table

1 Enrober les jarrets de veau dans la farine assaisonnée et secouer l'excédent.

2 Dans une poêle chaude, dorer les jarrets dans l'huile et le beurre pendant 5 à 8 minutes et les déposer dans un plat allant au four.

3 Faire revenir l'oignon dans la même poêle et le faire sauter 5 minutes en remuant de temps en temps.

4 Incorporer les tomates avec leur jus, le concentré de tomate, le sucre et faire cuire 3 minutes.

5 Ajouter le vin, la pâte harissa. Saler, poivrer et amener à ébullition.

6 Verser sur les jarrets. Ajouter les carottes, couvrir et cuire dans un four préchauffé à 350 °F (175 °C) pendant 30 minutes, puis réduire la température à 325 °F (160 °C) et cuire 1 heure 30 minutes.

7 Dans un bol, mélanger le zeste de citron, l'ail et le persil et incorporer à la sauce.

8 Cuire encore 5 minutes.

9 Servir sur des linguine au pesto et arroser de sauce.

Veau

Pain de veau à la sauce à la vanille et aux pommes

250 ml	mie de pain	1 tasse
125 ml	bouillon de poulet	1/2 tasse
2	pommes Cortland	2
1 kg	veau haché	2 1/4 lb
1	œuf battu	1
2	gousses d'ail hachées finement	2
4	échalotes vertes hachées	4
120 ml	raisins secs (au choix)	1/2 tasse
120 ml	noix en morceaux (au choix)	1/2 tasse
2,5 ml	poivre de la Jamaïque	1/2 c. à thé
	sel et poivre au goût	

Sauce :

1	pomme Cortland	1
1	gros oignon finement haché	1
60 ml	beurre	4 c. à table
60 ml	farine	4 c. à table
500 ml	bouillon de poulet	2 tasses
60 ml	crème 15 %	4 c. à table
2,5 ml	vanille*	1/2 c. à thé
	sel et poivre	

1 Tremper la mie de pain dans le bouillon de poulet. Peler, épépiner et couper en petits dés les pommes.

2 Dans un grand bol, verser tous les ingrédients ensemble et, à l'aide de vos deux mains, mélanger le tout soigneusement.

3 Verser dans un moule à pain beurré. Couvrir de papier d'aluminium.

4 Déposer dans une lèchefrite contenant de l'eau à la moitié.

5 Cuire dans un four préchauffé à 350 °F (175 °C) pendant 1 heure 30 minutes.

6 Laisser reposer 15 minutes avant de démouler sur une assiette de service.

Préparation de la sauce :

1 Peler, épépiner et hacher finement la pomme.

2 À feu moyen, colorer l'oignon et les morceaux de pommes et mettre de côté.

3 Dans une poêle, à feu doux, ajouter la farine au beurre par petites quantités et mélanger avec une cuillère en bois jusqu'à ce que le tout forme une pâte lisse. Ajouter petit à petit le bouillon de poulet chaud en remuant sans arrêt.

4 Cuire 2 à 3 minutes, toujours en remuant, jusqu'à ce que la sauce soit épaisse et lisse.

5 Incorporer la crème, le mélange oignon-pommes et faire cuire encore 2 minutes.

6 Terminer avec la vanille, le sel et le poivre.

7 Napper le pain de veau. Trempér la mie de pain dans le bouillon de poulet.

Veau

La note du chef

* On peut aussi utiliser une gousse de vanille.

Volaille

Confit de foie de volaille aux noix de Grenoble

400 g	**foie de volaille**	**14 oz**
30 ml	**gras de canard***	**2 c. à table**
1	**gousse d'ail hachée**	**1**
3	**oignons moyens émincés**	**3**
	sel et poivre au goût	
60 ml	**miel**	**4 c. à table**
15 ml	**vinaigre balsamique**	**1 c. à table**
125 ml	**noix de Grenoble hachées**	**1/2 tasse**

1 Dorer les foies de tous les côtés dans le gras et ajouter l'ail, l'oignon, le sel, le poivre. Mélanger.

2 Cuire quelques minutes sans colorer l'oignon.

3 Ajouter le miel, les noix et le vinaigre balsamique.

4 Baisser le feu à très doux. Bien mélanger et laisser mijoter 15 minutes.

5 Servir chaud sur du riz ou tiède sur de petites tranches de pain de seigle tartinées de fromage bleu défait en crème.

La note du chef

* *On peut remplacer le gras de canard par de l'huile d'olive.*

Variante : Tapisser une cocotte de pâte à tarte, y déposer le confit, verser 1/2 tasse de crème à 15 %, couvrir d'une pâte et cuire 30 minutes à 350 ˚F (175 ˚C).

Volaille

Magret de canard aux pommes

1	magret de canard	1	
3	pommes Cortland pelées	3	
2,5 ml	poivre séchouan	1/2 c. à thé	
60 ml	cognac ou de calvados	4 c. à table	
30 ml	miel	2 c. à table	
	fleur de sel		

1 Inciser le gras du magret en losanges. Peler, évider et couper les pommes en quatre.

2 Chauffer une poêle, diminuer à feu moyen et cuire le magret côté gras en dessous pendant 6 minutes.

3 Enlever une partie du gras de la poêle, cuire côté chair encore 4 minutes et saler.

4 Laisser reposer 10 minutes dans une assiette.

5 Dorer les pommes dans le jus de cuisson, ajouter le poivre séchouan. Déglacer avec le cognac, ajouter le miel et laisser chauffer un peu.

6 Couper le magret, tourner les tranches dans la sauce de cuisson chaude et dresser dans des assiettes en alternant les pommes et les tranches de magret.

Accompagnements :

Gratin dauphinois, patates à la grecque, frites ou pommes de terre Duchesse.

Navets au miel et poivre, asperges au four.

Avec le magret grillé :

Confit d'oignon, ketchup de fruits ou gelée de piments.

Arroser de quelques gouttes d'huile de truffe une fois grillé.

Arroser de Blaze.

Volaille

Magrets de canard aux petits fruits

2	magrets de canard	2
60 ml	porto	4 c. à table
350 g	petits fruits mélangés*	12 oz
30 ml	miel	2 c. à table
	poivre du moulin	

1 Inciser le gras des magrets en losanges.

2 Chauffer une poêle, diminuer à feu moyen et cuire les magrets côté gras en dessous pendant 6 minutes.

3 Enlever une partie du gras de la poêle. Cuire côté chair encore 4 minutes et saler.

4 Jeter le gras, remettre les magrets et déglacer avec le porto.

5 Retirer les magrets de la poêle et les garder au chaud, enveloppés de papier d'aluminium.

6 Laisser frémir la sauce et ajouter les petits fruits, le miel et le poivre.

7 Trancher les magrets et les déposer dans des assiettes chaudes.

8 Verser la sauce aux petits fruits, accompagner de pâtes et d'un légume de votre choix.

La note du chef

* Bleuets, fraises, framboises, mûres…

Volaille

Poulet au miel et au romarin

	huile pour la cuisson	
1	oignon émincé	1
4	poitrines de poulet	4
125 ml	miel	1/2 tasse
	le jus et le zeste d'un citron	
1	branche de romarin	1
	sel et poivre	

1 Chauffer l'huile, colorer l'oignon à feu moyen. Ajouter le poulet et le faire dorer environ 4 minutes de chaque côté.

2 Chauffer dans une casserole le miel, le jus et le zeste, le romarin, le sel. Verser sur le poulet.

3 Couvrir, diminuer le feu et cuire 20 minutes en tournant le poulet à mi-cuisson.

4 Saupoudrer de poivre moulu et servir.

5 Accompagner de pâtes au beurre et de haricots verts.

Volaille

Poulet aux poires
et aux cerises séchées

4	**poitrines de poulet désossées**	4
30 ml	**huile d'olive**	2 c. à table
2	**poires (de type Bosc) non pelées**	2
250 ml	**bouillon de poulet**	1 tasse
45 ml	**vinaigre balsamique**	3 c. à table
10 ml	**fécule de maïs**	2 c. à thé
5 ml	**sucre**	1 c. à thé
125 ml	**cerises ou canneberges séchées**	1/2 tasse
	sel et poivre du moulin	

1 Retirer la peau des poitrines de poulet. Couper les poires en 8 quartiers.

2 Dans une poêle antiadhésive, dorer les poitrines de poulet dans l'huile chaude 10 minutes.

3 Ajouter les poires et cuire encore 3 minutes.

4 Mélanger le bouillon de poulet, le vinaigre, la fécule de maïs, le sucre et les cerises. Verser dans la poêle, saler, poivrer et porter à ébullition.

5 Poursuivre la cuisson 15 minutes ou jusqu'à ce que le poulet soit cuit.

Volaille

La note du chef

Suggestion décoration :

Garnir d'une branche de thym ou de romarin.

Poulet mariné à l'orange et au sésame

4	poitrines de poulet sans la peau	4
80 ml	jus d'orange congelé	1/3 tasse
60 ml	sauce tamari	4 c. à table
60 ml	miel	4 c. à table
60 ml	marmelade	4 c. à table
60 ml	huile de sésame	4 c. à table
3	gousses d'ail	3
60 ml	graines de sésame	4 c. à table

1 Mélanger ensemble tous les ingrédients et y faire mariner le poulet 12 heures.

Cuisson au barbecue :

1 En badigeonnant régulièrement, cuire environ 5 minutes par côté.

2 Baisser le feu à moyen, fermer le couvercle et cuire 15 minutes.

Cuisson à la poêle :

1 Saisir 4 minutes par côté et mettre dans un plat allant au four.

2 Couvrir avec la marinade et cuire 30 minutes à 350 °F (175 °C).

Volaille

Poulet mariné à la mangue

4	**poitrines de poulet sans la peau**	4
125 ml	**huile d'olive**	1/2 tasse
8	**feuilles de basilic ciselées**	8
30 ml	**moutarde de Dijon**	2 c. à table
30 ml	**miel**	2 c. à table
1	**mangue pelée,**	1
	hachée grossièrement	
45 ml	**vinaigre de poire***	3 c. à table
	sel et poivre du moulin	

1 Mélanger tous les ingrédients et y mariner les poitrines 24 heures.

Cuisson au barbecue :

2 Griller les poitrines au barbecue en badigeonnant avec un peu de marinade.

3 Chauffer et laisser mijoter la marinade 5 minutes. Verser dans une assiette chaude et déposer le poulet grillé.

Cuisson au four :

2 Saisir et colorer les poitrines à la poêle. Mettre dans un plat allant au four. Porter la marinade à ébullition et verser sur le poulet.

3 Cuire au four à 350 ˚F (175 ˚C).

4 Garnir de pommes de terre rissolées et d'un légume.

La note du chef

* *Le vinaigre de poire peut être remplacé par un vinaigre de cidre de pommes.*

Volaille

190

Risotto aux gésiers de poulet confits

60 ml	huile d'olive	4 c. à table
1	oignon finement haché	1
1	gousse d'ail hachée	1
500 ml	riz arborio italien	2 tasses
125 ml	vin blanc	1/2 tasse
1 l	bouillon de poulet	4 tasses
	sel et poivre	
5 ml	romarin	1 c. à thé
300 g	champignons tranchés	10 oz
300 g	gésiers confits	10 oz
30 ml	beurre	2 c. à table
125 ml	parmesan	1/2 tasse

1 Chauffer la moitié de l'huile et faire revenir l'oignon et l'ail sans les colorer.

2 Ajouter le riz et cuire en remuant 3 minutes.

3 Verser le vin blanc et la moitié du bouillon. Laisser mijoter à feu doux en remuant régulièrement jusqu'à l'absorption du liquide.

4 Ajouter le reste du bouillon, le sel, le poivre et le romarin.

5 Dans une poêle, sauter les champignons dans l'autre moitié d'huile d'olive. Ajouter les gésiers et lorsque tout est bien chaud, incorporer au mélange de riz.

6 Lorsque le liquide est absorbé et le riz tendre mais croquant, ajouter le beurre et le parmesan. Mélanger et servir.

Volaille

Salade de poulet

12	raisins sans pépin (rouges ou verts)	12
2	poitrines de poulet cuites et refroidies	2
125 ml	noix de cajou	1/2 tasse
1	poivron rouge en lanières	1
2	branches de céleri émincées finement	2
1	bouquet de ciboulette ciselée	1
200 g	crème sure régulière ou sans gras	7 oz
	sel et poivre de citron	
	feuilles de laitue	

1 Couper en deux les raisins.

2 Couper le poulet en dés.

3 Mélanger tous les ingrédients ensemble, sauf la laitue, et réfrigérer 1 heure.

4 Servir sur des feuilles de laitue et accompagner de croûtons et de biscottes.

La note du chef

Servir sur une pâte feuilletée.

Volaille

Suprêmes de poulet aux poires et au bleu

4	poitrines de poulet	4
4	poires Bosc	4
150 g	fromage bleu émietté	5 oz
2	petits oignons verts tranchés	2
15 ml	cognac	1 c. à table
	huile d'olive	
	sirop d'érable ou miel	
	sel et poivre	

1 Faire une incision sur le côté des poitrines en allant vers l'intérieur, sans perforer les parois.

2 Peler et couper en morceaux 2 des poires. Les mélanger avec le fromage, l'oignon et le cognac.

3 Farcir les poitrines et les refermer avec un cure-dent.

4 Badigeonner les poitrines d'huile. Saler et poivrer.

Cuisson au barbecue :

1 Cuire sur le barbecue préchauffé à feu moyen, environ 6 minutes par côté ou jusqu'à ce que l'intérieur ne soit plus rosé.

2 À mi-cuisson du poulet, faire griller les 2 autres poires coupées en 4 en les badigeonnant de sirop d'érable ou de miel pendant la cuisson.

3 Accompagner d'une salade de poivrons doux.

Cuisson au four :

1 Badigeonner les poitrines d'huile. Saler, poivrer et saisir 4 minutes par côté à la poêle.

2 Couvrir et cuire au four, à 350 °F (175 °C), pendant 30 minutes.

Volaille

Accompagnements

Préparation : 15 minutes
Cuisson : 1 h 15 min
portions : 6

Aubergines Parmigiana

2	**aubergines moyennes**	2
120 ml	**farine assaisonnée de sel et poivre**	1/2 tasse
175 g	**mozzarella**	6 oz
150 g	**épinards frais**	5 oz
4	**gousses d'ail finement hachées**	4
1	**gros oignon émincé**	1
1	**poivron vert en dés**	1
120 ml	**céleri émincé**	1/2 tasse
4	**grosses tomates fraîches en dés**	4
5 ml	**piment broyé, pili-pili ou harissa**	1 c. à thé
	huile d'olive pour la cuisson sel et poivre	
180 ml	**parmesan râpé**	3/4 tasse

Première partie :

1 Éplucher et trancher les aubergines en rondelles de 1 pouce (2,5 cm).

2 Enfariner les deux côtés. Faire rissoler dans l'huile d'olive et bien dorer.

3 Déposer dans un plat allant au four d'environ 8 x 15 pouces (20 x 40 cm) et recouvrir du fromage mozzarella et des feuilles d'épinard.

Deuxième partie :

4 Faire colorer l'ail et l'oignon dans l'huile. Ajouter ensuite le poivron, le céleri et laisser cuire quelques minutes tout en remuant.

5 Ajouter les tomates en dés et bien remuer.

6 Assaisonner avec le sel, le poivre et le piment. Laisser mijoter 20 minutes ou jusqu'à ce que le liquide ait diminué d'un quart.

7 Verser le tout sur la première préparation et ajouter le parmesan.

8 Cuire 45 minutes au four à 350 °F (175 °C) et servir chaud, accompagné d'une salade verte.

Plats de légumes

Champignons au vinaigre de framboise et à la crème

1	oignon émincé	1
30 ml	gras de canard	2 c. à table
375 g	champignons frais	13 oz
	sel et poivre du moulin	
30 ml	vinaigre de framboise	2 c. à table
30 ml	crème 35 %	2 c. à table

1 Dans une poêle chaude, colorer l'oignon avec le gras de canard, puis ajouter les champignons.

2 Bien mélanger. Saler, poivrer et cuire 2 minutes.

3 Incorporer le vinaigre, laisser évaporer 1 minute. Ajouter la crème et mélanger.

4 Diminuer le feu et laisser mijoter 5 minutes.

Accompagne bien les grillades.

Plats de légumes

Chou braisé aux lardons

4	**tranches de bacon en petites lanières**	**4**
30 ml	**gras de canard**	**2 c. à table**
1	**gousse d'ail émincée**	**1**
1	**gros oignon émincé**	**1**
1/2	**chou rouge ou vert coupé en quartiers**	**1/2**
	sel et poivre au goût	
125 ml	**vin blanc***	**1/2 tasse**

1 Dorer le bacon dans le gras de canard. Ajouter l'ail et l'oignon.

2 Incorporer le chou. Saler et poivrer en remuant bien.

3 Verser le vin, diminuer le feu à minimum, couvrir et laisser cuire une demi-heure ou jusqu'à tendreté.

Plats de légumes

La note du chef

* *Le vin blanc peut être remplacé par 4 c. à table (60 ml) de vodka.*

préparation : **15** minutes
cuisson : 18 minutes
portions : 4 à 6

Gratin d'oignons et de poivrons

3	**poivrons de couleurs différentes**	3
4	**oignons en tranches**	4
3	**gousses d'ail hachées**	3
30 ml	**beurre**	2 c. à table
30 ml	**huile d'olive**	2 c. à table
125 ml	**vin blanc**	1/2 tasse
	sel et poivre du moulin	
6	**feuilles de basilic ciselées**	6
30 ml	**crème 35 %**	2 c. à table
30 ml	**parmesan**	2 c. à table

1 Couper les poivrons en lanières.

2 Colorer l'oignon, l'ail et les poivrons dans le beurre et l'huile.

3 Verser le vin, couvrir et cuire à feu doux pendant 10 minutes.

4 Ajouter le sel, le poivre, le basilic et mélanger.

5 Déposer dans un plat beurré allant au four. Napper de crème et saupoudrer de parmesan.

6 Mettre dans un four préchauffé à 500 ˚F (260 ˚C) environ 8 minutes pour griller le dessus.

Parfait pour accompagner les grillades.

Plats de légumes

préparation : **15** minutes
cuisson : 20 minutes
portions : 4

Pizza aux pommes et aux lardons

1 ml	harissa	1/4 c. à thé
80 ml	sauce tomate	1/3 tasse
2	pommes Golden pelées et coupées en dés	2
225 g	bacon coupé en lanières	8 oz
15 ml	huile d'olive	1 c. à table
1	pâte à pizza	1
5 ml	aiguilles de romarin sel et poivre du moulin	1 c. à thé
125 g	fromage râpé (gruyère, emmenthal)	4,5 oz

1 Ajouter la pâte harissa à la sauce tomate. Peler les pommes et les couper en dés.

2 Sauter les lanières de bacon sans ajout de gras pendant 5 minutes et ajouter les pommes. Cuire 1 minute en brassant.

3 Huiler un moule à tarte ou une assiette à pizza. Étaler la pâte en aplatissant bien.

4 Napper de sauce tomate. Étendre uniformément la préparation de bacon-pommes.

5 Parsemer de romarin, saler et poivrer.

6 Recouvrir du fromage et cuire (15 minutes pour une pâte régulière, 8 minutes pour une pâte mince) au four préchauffé à 400 ˚F (200 ˚C).

Plats de légumes

Pizza mince
à la tapenade d'olives

30 ml	**huile d'olive**	**2 c. à table**
2	**gousses d'ail hachées**	**2**
4	**croûtes à pizza minces**	**4**
1	**pot de tapenade d'olives***	**1**
1	**pot de tomates séchées dans l'huile**	**1**
1	**courgette en lanières**	**1**
1	**branche de thym frais**	**1**
150 g	**fromage Sbrinz râpé**	**5 oz**
	fleur de sel et poivre du moulin	

1 Mélanger l'huile d'olive avec l'ail.

2 Badigeonner les croûtes à pizza d'huile à l'ail et tartiner de tapenade.

3 Garnir de morceaux de tomates séchées, de courgettes et d'aiguilles de thym.

4 Saupoudrer de fromage, de fleur de sel et de poivre du moulin.

5 Cuire à 400 °F (200 °C) pendant 6 à 8 minutes ou jusqu'à ce qu'elles soient bien dorées.

La note du chef

* *Olives vertes ou noires.*

Plats de légumes

Polenta au parmesan et sa fondue de tomates

375 ml	**lait**	**1 1/2 tasse**
375 ml	**bouillon de poulet**	**1 1/2 tasse**
200 g	**polenta (semoule de maïs)**	**7 oz**
125 ml	**parmesan râpé**	**1/2 tasse**
125 ml	**mascarpone***	**1/2 tasse**
30 ml	**beurre**	**2 c. à table**
	huile d'olive pour la cuisson	

Fondue de tomates :

3	**tomates italiennes**	**3**
	huile d'olive pour la cuisson	
3	**échalotes hachées**	**3**
2	**gousses d'ail hachées**	**2**
80 ml	**vin blanc**	**1/3 tasse**
1	**branche de basilic frais**	**1**
15 ml	**pâte de tomate**	**1 c. à table**

1 Mélanger le lait et le bouillon de poulet et chauffer.

2 Verser lentement la polenta dans le liquide bouillant en fouettant.

3 Lorsque la polenta épaissit, baisser le feu et cuire lentement 30 minutes en remuant régulièrement.

4 Ajouter les fromages, le beurre. Saler, poivrer et verser dans une terrine préalablement recouverte d'une pellicule transparente.

5 Réfrigérer pour laisser prendre.

6 Trancher la polenta et la dorer à la poêle dans de l'huile d'olive.

7 Servir avec une fondue de tomates et des champignons portabella sautés.

Accompagne bien les saucisses grillées.

Préparation de la fondue de tomates :

1 Peler, épépiner et hacher les tomates.

2 Faire revenir les échalotes et l'ail dans l'huile, puis fondre les tomates doucement.

3 Ajouter le vin blanc, la pâte de tomate, le basilic. Saler, poivrer et cuire 10 minutes ou jusqu'à texture crémeuse.

4 Napper vos tranches de polenta bien dorées et servir avec une salade verte.

Plats de légumes

La note du chef

On peut remplacer le mascarpone par du fromage à la crème.

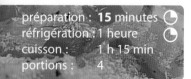

Salade de betteraves marinées

900 g	betteraves	2 lb
1	oignon émincé	1
2	gousses d'ail hachées	2
30 ml	huile d'olive	2 c. à table
15 ml	miel ou moût de raisin	1 c. à table
2,5 ml	harissa ou piment fort	1/2 c. à thé
	le jus d'un citron	
	sel et poivre	

1 Cuire les betteraves pendant 1 heure 15 minutes ou jusqu'à ce qu'elles soient tendres.

2 Peler les betteraves et les couper en dés ou en rondelles.

3 Ajouter le reste des ingrédients, bien mélanger et réfrigérer une heure.

4 Servir en entrée sur feuilles de laitue ou pour accompagner un plat.

5 Vous pouvez la servir chaude en la passant 2 minutes au micro-ondes.

Plats de légumes

214

Salade de mangues et de tomates

2	**mangues bien mûres**	2
4	**tomates italiennes**	4
1	**bouquet de coriandre hachée**	1
80 ml	**ciboulette hachée**	1/3 tasse
30 ml	**huile d'olive**	2 c. à table
15 ml	**vinaigre balsamique**	1 c. à table
15 ml	**moût de raisin**	1 c. à table
	sel et poivre	

1 Peler les mangues et les couper en dés.

2 Couper également les tomates en dés et les ajouter aux mangues.

3 Incorporer le reste des ingrédients, mélanger et laisser reposer au réfrigérateur 1 heure avant de servir.

Accompagne très bien les grillades.

Plats de légumes

Desserts

Carrés aux dattes,
à la noix de coco et aux ananas

450 g	**dattes**	**1 lb**
1	**ananas frais haché menu***	**1**
185 ml	**jus d'orange****	**3/4 tasse**
185 ml	**beurre ramolli**	**3/4 tasse**
160 ml	**cassonade**	**2/3 tasse**
	légèrement tassée	
250 ml	**farine**	**1 tasse**
250 ml	**flocons d'avoine**	**1 tasse**
250 ml	**noix de coco râpée,**	**1 tasse**
	non sucrée	

1 Mettre les dattes, l'ananas et le jus à cuire doucement en remuant jusqu'à ce que le mélange soit crémeux. Réserver.

2 Dans un bol, défaire le beurre en crème avec la cassonade. Verser la farine, mélanger et ajouter les flocons d'avoine ainsi que la noix de coco.

3 Étendre la moitié du mélange dans un moule d'environ 8 x 12 pouces (20 x 30 cm) en tassant un peu.

4 Couvrir du mélange de dattes et terminer avec le reste de chapelure d'avoine.

5 Cuire dans un four préchauffé à 350 °F (175 °C) pendant 25 à 30 minutes.

Desserts

La note du chef

* On peut remplacer l'ananas frais par 1 1/2 tasse (375 ml) d'ananas broyés.

**Le jus d'orange peut être remplacé par un mélange d'égale quantité de jus d'orange et d'ananas.

Croûtons de Bleubry
aux pacanes

1	**fromage Bleubry**	1
3 à 4	**croûtons grillés légèrement**	3 à 4
1	**pot de gelée de**	1
	porto érable et miel	
	noix de pacane écrasées	
	grossièrement ou entières	
	poivre du moulin	

1 Trancher le fromage en 3 ou 4 rondelles.

2 Chauffer le four à 350 °F (175 °C).

3 Griller légèrement les croûtons.

4 Étendre de la gelée de porto sur les croûtons. Recouvrir d'une tranche de fromage. Étendre de la gelée sur le fromage. Couvrir de noix de pacanes et poivrer.

5 Déposer sur une tôle à biscuits et cuire 8 minutes.

6 Servir aussitôt comme dessert, accompagné d'un verre de porto ou de sauterne.

Desserts

Riz au lait de coco et à l'ananas

250 ml	**lait**	**1 tasse**
1	**boîte de lait de coco de 400 ml**	**1**
250 ml	**riz basmati**	**1 tasse**
	le zeste et le jus d'une orange	
2	**jaunes d'œufs**	**2**
125 ml	**sucre**	**1/2 tasse**
250 ml	**ananas en morceaux**	**1 tasse**

1 Dans une marmite, chauffer doucement le lait et la moitié du lait de coco jusqu'à ébullition.

2 Ajouter le riz basmati, le zeste et le jus d'orange. Cuire 30 minutes couvert à feu doux.

3 Mélanger dans un bol l'autre moitié du lait de coco, les jaunes d'œufs, le sucre.

4 Incorporer au riz et chauffer à feu doux 5 minutes sans laisser bouillir.

5 Ajouter les ananas égouttés, mélanger. Verser dans des ramequins et réfrigérer.

Desserts

préparation : **10** minutes
congélation : 6 heures
portions : 4

Sorbet aux fruits

300 g	**fruits surgelés***	**10 oz**	
80 ml	**sucre**	**1/3 tasse**	
15 ml	**jus de citron**	**1 c. à table**	
2	**blancs d'œufs**	**2**	
	vodka		

1 Passer au robot les fruits, le sucre et le jus de citron.

2 Ajouter les blancs d'œufs et mélanger jusqu'à ce que ce soit mousseux.

3 Verser dans un contenant et mettre au congélateur.

4 Arroser d'une cuillerée de vodka au moment de servir.

La note du chef

* *Si on utilise des fruits frais, les congeler d'abord.*

Desserts

préparation : **10** minutes ◓
réfrigération : 3 à 4 heures ◓
portions : 4 à 6

Tarte à la lime

4	jaunes d'œufs	4
500 ml	lait concentré sucré	2 tasses
125 ml	jus de lime	1/2 tasse
1	fond de tarte (Graham ou Oreo)	1
250 ml	crème à fouetter*	1 tasse

1 Dans un bol, mélanger au fouet les jaunes d'œufs jusqu'à ce qu'ils soient épais et pâles.

2 Ajouter le lait concentré sucré tout en continuant à mélanger, puis verser le jus de lime.

3 Remuer jusqu'à ce que le mélange soit mousseux et verser sur le fond de tarte.

4 Mettre la tarte au réfrigérateur de 3 à 4 heures, ou jusqu'à ce qu'elle soit ferme.

5 Garnir de crème fouettée.

La note du chef

* *La crème peut être remplacée par du yogourt nature ferme.*

Desserts

Tarte au fromage et aux petits fruits

1	fond de tarte Graham	1
250 g	fromage à la crème*	9 oz
1	boîte de lait concentré sucré	1
80 ml	jus de citron ou de lime	1/3 tasse
300 g	petits fruits frais ou surgelés	10 oz
150 ml	gelée d'abricot**	5 oz

1 Cuire 5 minutes le fond de tarte au four à 375 °F (190 °C) et laisser refroidir.

2 Mélanger le fromage, le lait concentré sucré et le jus. Verser sur le fond de tarte et réfrigérer une heure pour raffermir le tout.

3 Garnir de petits fruits, napper de gelée préalablement fondue au micro-ondes et remettre au réfrigérateur une heure.

La note du chef

* On peut remplacer le fromage à la crème par du mascarpone.

** On peut remplacer la gelée d'abricots par de la gelée de pommes ou de raisins.

Desserts

Tarte au fromage
et aux fruits confits

250 g	**mascarpone***	**9 oz**
125 ml	**sucre**	**1/2 tasse**
3	**œufs**	**3**
250 g	**fruits confits mélangés****	**9 oz**
80 ml	**raisins secs**	**1/3 tasse**
60 ml	**rhum brun**	**4 c. à table**
2	**cercles de pâte à tarte**	**2**

1 Mélanger le mascarpone, le sucre et les œufs jusqu'à ce que ce soit crémeux. Incorporer les fruits et parfumer avec le rhum.

2 Étendre une des pâtes dans une assiette beurrée. Verser le mélange fromage et fruits, puis étendre la seconde pâte par-dessus.

3 Cuire dans un four préchauffé à 350 ˚F (175 ˚C) pendant 30 à 40 minutes.

4 Laisser refroidir avant de servir.

Vous pouvez servir cette tarte nappée de sauce au chocolat ou de crème anglaise.

La note du chef

* *On peut remplacer le mascarpone par du fromage à la crème.*

***Oranges, citrons, ananas, mangues.*

Desserts

Tiramisu

4	**œufs**	4
	pincée de sel	
60 ml	**sucre**	4 c. à table
400 g	**mascarpone**	14 oz
250 ml	**café fort (expresso)**	1 tasse
60 ml	**cognac**	4 c. à table
24	**biscuits à la cuillère**	24
15 ml	**poudre de cacao**	1 c. à table

1 Casser les œufs en séparant les blancs des jaunes.

2 Battre les blancs en neige ferme en ajoutant la pincée de sel. Réserver.

3 Battre les jaunes avec le sucre jusqu'à ce qu'ils blanchissent.

4 Ajouter le mascarpone et battre pour rendre le mélange homogène.

5 Incorporer les blancs d'œufs battus en soulevant délicatement avec une spatule.

6 Dans un plat creux, mélanger le café, le cognac et y tremper les biscuits.

7 Recouvrir de biscuits le fond d'un moule, couvrir de mélange-crème et saupoudrer de cacao.

8 Répéter l'étape 7 jusqu'à épuisement des biscuits et terminer avec le mélange-crème et le cacao.

9 Réfrigérer pendant 4 heures.

Desserts

BISCUIT À LA CUILLÈRE : Biscuit très léger et absorbant.

BLAZE : Réduction de vinaigre balsamique par cuisson (disponible dans les épiceries fines).

HARISSA : Pâte de piment fort.

MOÛT DE RAISIN : Réduction de jus de raisin par cuisson (disponible dans les épiceries fines).

POIVRE SECHOUAN : Petits grains de poivre plus doux que le poivre noir, très tendre avec un léger goût de citronnelle.

RAMEQUIN : Petit plat servant à la cuisson au four.

SAKÉ : Vin de riz japonais.

SAMBAL OLEK : Pâte de piment fort indonésienne (disponible dans les épiceries fines).

WASABI : Raifort occidental originaire du Japon.

Remerciements

L'auteur et l'éditeur remercient tous ceux qui ont collaboré à ce livre par leur enthousiasme, leur aide et leurs conseils pratiques :

Entre autres, Guy et Suzanne, Louis et Yolaine, Daniel, Denis, Noëlla, Pauline, Rachèle-Lise, Thérèse.

Prêts d'objets de décoration et de présentation de recettes

Caroline Thériault, verrier
L'Atelier des Arts du feu

Stokes, Chicoutimi

Fourniture d'épicerie

Corneau Cantin

DISTRIBUTEURS EXCLUSIFS

Distributeur pour le Canada et les États-Unis
LES MESSAGERIES ADP
MONTRÉAL (Canada)
Téléphone : (450) 640-1234 ou 1 800 771-3022
Télécopieur : (450) 640-1251 ou 1 800 603-0433
www.messageries-adp.com

Distributeur pour la France et autres pays européens
HISTOIRE ET DOCUMENTS
CHENNEVIÈRES (France)
Téléphone : 01 45 76 77 41
Télécopieur : 01 45 93 34 70
www.histoire-et-documents.fr

Distributeur pour la Suisse
TRANSAT S.A.
GENÈVE
Téléphone : 022/342 77 40
Télécopieur : 022/343 46 46

Dépôts légaux
2e trimestre 2005
Bibliothèque nationale du Canada
Bibliothèque nationale du Québec